Détails et dédales

Catherine Voyer-Léger

Détails et
dédales

hamac-carnets

Les éditions du Septentrion remercient le Conseil des Arts du Canada et la Société de développement des entreprises culturelles du Québec (SODEC) pour le soutien accordé à leur programme d'édition, ainsi que le gouvernement du Québec pour son Programme de crédit d'impôt pour l'édition de livres. Nous reconnaissons également l'aide financière du gouvernement du Canada par l'entremise du Fonds du livre du Canada (FLC) pour nos activités d'édition.

Chargé de projet: Éric Simard

Révision: Fleur Neesham

Correction d'épreuves: Marie-Michèle Rheault

Illustration de la couverture: Sophie Imbeault
  (www.septentrion.qc.ca/sophieimbeault/)

Mise en pages et maquette de la couverture: Pierre-Louis Cauchon

Si vous désirez être tenu au courant
des publication de HAMAC
vous pouvez nous écrire par courrier,
par courriel à info@hamac.qc.ca,
par télécopieur au 418 527-4978
ou consulter notre catalogue sur Internet:
www.hamac.qc.ca

© Les éditions du Septentrion
1300, av. Maguire
Québec (Québec)
G1T 1Z3

Dépôt légal:
Bibliothèque et Archives
nationales du Québec, 2013
ISBN papier: 978-2-89448-722-8
ISBN PDF: 978-2-89664-744-6
ISBN EPUB: 978-2-89664-745-3

Diffusion au Canada:
Diffusion Dimedia
539, boul. Lebeau
Saint-Laurent (Québec)
H4N 1S2

Ventes en Europe:
Distribution du Nouveau Monde
30, rue Gay-Lussac
75005 Paris, France

À mon père
qui m'a appris le sens critique
(terrasse rue Saint-Denis)
et qui n'a jamais cessé de croire
à celle en moi qui écrit

Préface

Je connais Catherine Voyer-Léger d'abord par sa frénétique présence sur Twitter.

Le portrait qui se dessine de ses dizaines de micro-messages quotidiens est celui d'une bête étrange, d'une fille étonnante. Groupie avouée de critiques, mais qui les prend très régulièrement de haut. Ardente défenderesse de la culture de la marge. Harponneuse de clichés et d'évidences. Questionneuse redoutable qui s'invite dans une conversation pour infléchir cette dernière vers la quête de sens, et ce, même à trois heures du matin... Une drôle de pas drôle qui s'avoue sans humour. Une handicapée de la tendance. Une tête dure un peu bêcheuse. Un mur de certitudes qui pourtant vacille souvent. Toujours « sur la go » entre Ottawa et Montréal ou quelqu'autre ville où le festif se fait aller. Une qui pique, qui picosse. Une hirsute. Une pas confortable.

Puis il y a son blogue.

Lequel est le trop-plein de l'autre ; le blogue ou Twitter ? À moins que les deux ne soient le déversoir de sa vie ? Toujours est-il qu'elle blogue compulsivement. Du social, du culturel ou du personnel, de l'intime, du très intime même. Comme si sa vie s'incarnait par le fait de l'écrire.

Car cette fille a une passion pour l'écriture. Celle des autres, qu'elle observe, questionne, décortique, jalouse parfois. La sienne, bien sûr. Elle écrit, se regarde écrivant, se demande si l'écriture est la vie. Et sur Twitter, la voyant écrire et se livrer autant, on lui demande si elle a une vie en dehors du virtuel...

Or justement, elle, Madame réseaux sociaux, a choisi le bon vieux livre comme preuve d'existence, peut-être. C'est une naissance, un premier livre ! C'est du réel, ça se voit, ça se hume, se touche, un livre. Ça vous force à vous montrer, à vous exposer, à vous confronter au regard des autres.

Et des thèmes confrontants, elle n'en manque pas.

Elle réfléchit à la réflexion, cherche sa place dans la galaxie des intellos, se mesure à Denise Bombardier, vire à l'envers quelques idées reçues sur le snobisme, la subversion, sur Anne-Marie Losique.

Elle plonge aussi dans le monde moite et mouvant du questionnement sur le corps, sur l'apparence, la beauté, la laideur. Avec son front de bœuf et ses gros sabots, elle piétine les plates-bandes de l'impudeur, exhibe son angoisse, son envie, ses névroses. Elle explore les fêlures et les douleurs du monde.

Le procédé CVL est double.

Elle part souvent d'un fait trivial, une réplique entendue dans une émission de télé, l'article d'un de ses journalistes chouchous, en profite pour *name-dropper* en masse, *bitcher* un peu, puis pousse les manettes de la réflexion qui la propulsent dans les sphères vertigineuses de l'intime. Ou alors, elle amène une réflexion très personnelle à sa dimension sociale. Ces allers-retours entre le Moi et le Monde, entre le chatoiement de références pop, de noms à la mode, et de fulgurantes plongées dans les abysses de l'âme: c'est son système, sa manière, son pari.

J'ai appris grâce à CVL qu'Ottawa est parfois une extension du Plateau, que Paris est cruelle, et que de l'âme mouillée peuvent surgir des ouragans.

Je ne lis plus ses *tweets* de la même façon. Ils sont dorénavant l'écume légère à la surface d'une rivière d'écriture...

Marie-France Bazzo

Avant-propos (La mise en scène de soi)

Ce soir-là, nous étions nombreux et nous soupions trop tard. Assis en biais avec moi se trouvait cet homme dont nous pourrions dire qu'il est un grand artiste réputé.

Personne ne nous avait présentés et il n'est pas dans ma nature de le faire moi-même. J'avais réussi à presque l'oublier, toute plongée que j'étais dans un monologue qu'encourageait une inconnue ayant manifestement la fibre de l'écoute active. Une Janette Bertrand en puissance! Elle me faisait parler d'une époque trouble où toutes mes envies étaient régies par des lois comptables aussi absurdes qu'improbables. Guidée par ses questions habiles, je revisitais ce passé étonnant.

C'est après plusieurs minutes que j'ai réalisé que cet artiste, assis en biais, m'écoutait attentivement, happé par le récit que je faisais de ma folie ordinaire.

Malgré ma volonté, mon récit a basculé. J'ai parlé plus fort, plus vite. Le ton de mon histoire s'est transformé: plus de sarcasmes, plus de phrases-chocs. Faut dire que je possède quelques ressources quand il s'agit de donner dans l'esbroufe...

L'artiste, connaissant bien les ressorts du spectacle, s'est rapidement désintéressé de celui-ci dont l'effet prenait soudain le dessus sur le propos.

Récemment, j'entendais Michel Galabru à la radio dire que nous jouons constamment. C'est pour moi une évidence et c'est pourquoi je sursaute quand on dit que les gens ne sont pas «eux-mêmes» dans les médias sociaux. Sont-ils eux-mêmes dans les bars? Dans les entretiens d'embauche? Dans les soupers de famille?

Quand on s'y arrête, «être soi-même» est une idée assez saugrenue puisqu'elle sous-entend qu'il existerait un soi pur, un soi avant le contact avec l'autre et avec notre environnement. Cette entité radicale n'existe pas. Ne peut pas exister. Nous sommes en médiation constante avec ce qui nous entoure. Nous nous adaptons, nous acceptons certains rôles, nous en refusons plusieurs. Et nous cherchons un équilibre fragile qui nous rapprocherait de notre essence, même si de cette essence... nous ne savons rien.

L'intégrité, ce n'est pas la fin du jeu, c'est admettre qu'on joue. C'est chercher à être le plus honnête possible avec soi et les autres en sachant bien que nous ne cesserons pas de contourner nos blessures, d'accommoder notre entourage. D'avoir besoin d'amour.

Le danger, lorsqu'on a un public grandissant, c'est de finir par se faire bouffer par son personnage. C'est de gueuler, pas tant parce que le monde t'indispose aujourd'hui que parce que tu sais qu'on s'attend à ce que tu gueules. C'est de faire de l'esprit pour faire de l'esprit, perdant de vue le propos que l'esprit devrait défendre. C'est de ne plus entendre les autres parce que tu prépares déjà ta prochaine sortie et que, peu importe ce qu'ils auront à dire, ton idée, ton rythme, ton jeu sont déjà arrêtés.

L'intégrité, ce n'est pas la fin du jeu, c'est admettre qu'on joue, mais refuser de se laisser figer. C'est se connaître assez pour se donner une mauvaise note quand on joue faux pour des raisons douteuses. Pour un regard prestigieux, par exemple.

Collectivement, nous jouons aussi. Si je m'intéresse tant aux arts et aux médias, c'est qu'ils sont partie prenante de nos mises en scène collectives. Le vocabulaire, les concepts, les images, le sens commun m'interpellent pour les mêmes raisons.

Ma prémisse principale: aucune parole publique ne se contente de décrire la société, chacune travaille à la façonner. J'essaie de mettre en lumière ce qui pourrait nous influencer malgré nous, les ornières qu'on porte parfois sans le savoir. J'essaie d'ouvrir les perspectives, de creuser les zones de gris. Je cultive le doute et je me méfie de ce qui est présenté comme une vérité.

⌣

Détails, parce que trop de gens estiment que ce qui importe est toujours dans la généralité.

Dédales, parce que certains penseront que je coupe les cheveux en quatre.

Ils auront bien raison.

Détails

Il me semble que les gens ne veulent pas savoir,
ne veulent pas voir. Ils ont voté pour le confort.
Je suis beaucoup de choses, mais je ne suis pas
confortable. J'en conviens.

Vous avez dit intello?

Intellectuel : Qui a un goût prononcé (ou excessif) pour les choses de l'intelligence, de l'esprit ; chez qui prédomine la vie intellectuelle.

C'est vrai que je suis un peu du genre à oublier de sortir les poubelles parce que je suis préoccupée par une question cruciale. Par exemple : est-ce que les souliers de Cendrillon étaient en vair ou en verre et pourquoi ce débat n'existe-t-il pas en anglais ? Voilà qui vous détourne de l'odeur de vidange ! (Dans mon cas, le terme « excessif » n'est pas de trop dans la définition !)

Paraît qu'il y a pas mal d'anti-intellectualisme dans nos sociétés. Ça explique sans doute ce petit inconfort que je ressens depuis toujours, cette impression persistante d'être un peu différente.

Souvent les gens disent que, nous, les intellectuels, on « encule des mouches ». J'admets que j'ai déjà donné un cours qui commençait par une discussion de trente minutes sur « Qu'est-ce qu'une femme ? » Certaines personnes peuvent penser que ça ne sert à rien (d'ailleurs certains étudiants le pensaient !).

Pour ma part, je croise sans cesse des tas de comportements qui, me semble-t-il, ne servent à rien. Je trouve que ça ne sert à rien de prendre sa bouffe en photo dans un resto, de magasiner de la tourbe ou d'épousseter toutes les semaines. Je trouve que ça ne sert à rien d'échanger des recettes. Je trouve que ça ne sert à rien d'aller chez la coiffeuse toutes les semaines pour sa mise en plis. Je trouve que ça ne sert à rien de discuter d'*Occupation double* sur l'heure du midi. Je trouve que ça ne sert à rien de faire un *pool* de hockey. Je trouve que ça ne sert à rien de passer dix heures par semaine à s'occuper de ses placements (enfin, si, ça sert à quelque chose, mais le côté fastidieux du geste me semble peser plus lourd que l'utilité du résultat).

Pour être honnête, j'entends chaque jour des tas de conversations que je pourrais qualifier d'enculage de mouches, « dans mon livre à moi ». J'aurais peut-être dû commencer mon cours par « Qu'est-ce qu'une mouche ? » histoire qu'on identifie quelles sont ces zones de la vie qui ne méritent pas tant d'attention.

Souvent on s'imagine que les intellectuels utilisent des mots recherchés juste pour faire chier. Quand tu avances dans la réflexion, le sens des mots prend du poids et leur précision devient chirurgicale. Ça fait partie du métier, comme la maîtrise du bistouri pour d'autres. Arrive le jour où un pays et un État ne sont pas tout à fait la même chose pour toi. Le jour où les oreilles te frisent quand on utilise dans les médias le mot « problématique » comme synonyme de « problème » (c'est vous dire combien j'ai les oreilles frisées!). Le jour où tu aimes des mots plus précis comme «aporie» qui n'est pas tout à fait un synonyme de «contradiction» même s'ils sont de proches parents.

J'adore le mot «aporie», mais je ne l'utilise jamais parce que je trouve inutile d'employer un mot que peu de gens comprennent. C'est un de mes mots préférés avec «gibecière» (que je n'utilise pas non plus, mais c'est plutôt parce que je ne vois pas quand je pourrais le faire). J'aime les mots, j'aime leur histoire, leur logique, ce qu'il porte en eux. Je lis les bulletins de Guy Bertrand, le conseiller linguistique de Radio-Canada, avec un complet ravissement. Quand je rapporte ce que j'y apprends, je me fais régulièrement dire que c'est sans grande importance. Moi, je trouve ça fascinant de lire que «On traversera le pont rendu à la rivière» est un anglicisme et que d'ailleurs, traverser un pont, quand on y réfléchit, ça a moyennement de sens.

J'aime les mots, j'aime les symboles, j'aime comprendre. Alors, comme mes phrases commencent souvent par «J'ai pensé à...», la réplique se résume généralement à «Tu penses trop!» Le message est clair: arrête de penser et vis. Le sens commun démontre qu'il semble impossible de faire les deux en même temps. Collectivement, on doit vivre sur un temps rare, parce qu'il me semble qu'on ne pense pas tellement.

Pourquoi je ne suis pas Denise Bombardier

Denise Bombardier et moi émettons parfois des observations similaires. Dans le débat sur la place des intellectuels dans l'espace public québécois, le raccourci consistant à mettre dans le même bain tous ceux qui partagent le constat d'un certain anti-intellectualisme nous guette. Mais la pensée de Denise Bombardier se résume essentiellement à deux arguments :

1. Le Québec régresse puisqu'il était bien mieux avant.
2. C'est vraiment mieux en France.

Quand je suis partie vivre en France en décembre 2001, je pensais ne jamais revenir. J'avais le sentiment que je m'en allais dans un pays d'intellectuels où je me sentirais enfin chez moi. Si j'ai été heureuse de trouver des librairies à chaque coin de rue (y compris des librairies généralistes où la table à l'entrée vous offre Gadamer et Lacan), j'ai vite pris le pouls de la France de tous les jours.

Dans la « commune » où je vivais avec une dizaine de jeunes, on n'avait jamais entendu parler de Jean-Jacques Rousseau (ou on l'avait oublié), ça mangeait du *fast food* américain et peu de gens était sur la liste électorale pour le deuxième tour de la présidentielle entre Chirac et Le Pen au printemps 2002. Plusieurs jeunes se moquaient de la danse contemporaine, on regardait *Loft Story* et tutti quanti.

Donc quand Denise Bombardier (ou d'autres) essaie de me faire croire qu'en France tout le monde discute du sens profond des choses en allant acheter du lait, ça m'énerve un brin. En France aussi on se moque des intellectuels et en France aussi on dit que certains « penseux » enculent des mouches (plus précisément, on dit qu'ils peignent la girafe).

Il ne s'agit pourtant pas de dire que c'est du pareil au même. Je n'ai jamais senti en France (et tout cela n'est pas une étude sociologique), ce que j'appellerais un appel à se taire. Certains trouvent les intellectuels chiants, mais on ne s'étonne pas de les entendre à la télévision, de les voir devenir ministres, de les voir analyser, sermonner, soulever des doutes en public. On ne s'étonne pas non plus que les critiques aiment des films qui ennuient le commun des ours. On ne s'étonne pas, donc, que des gens tiennent sur la place publique un discours dans lequel on ne se reconnaît pas spontanément.

Pour moi, la différence est dans cette petite zone de gris que tout le monde loupe en menant le débat à coup de truelle... Dire qu'il y a un anti-intellectualisme au Québec, ce n'est pas dire que les Québécois sont des cons. Ils entretiennent généralement un sérieux doute sur le fait que certaines personnes puissent être plus qualifiées que la moyenne pour commenter certains enjeux, surtout des enjeux culturels ou humains. D'où la fameuse question : « Pour qui tu te prends ? »

Or, penser, ça s'apprend aussi. Et certaines personnes sont plus qualifiées, cultivées, outillées, douées, tout simplement, que d'autres. Ça ne veut pas dire qu'elles ont toujours raison, mais ça pourrait mériter qu'on leur accorde un certain crédit.

Il ne s'agit pas tant de distinguer qui est un intellectuel ou comment on le définit, mais plutôt de mettre en lumière le niveau de discours qui se déploie dans l'espace public. Force est de constater que l'analyse n'a pas la cote. Le fait qu'on invite des spécialistes ou des universitaires à la radio ne veut rien dire si on les invite dans une perspective de média-conseil où ils ont deux minutes et demie pour nous convaincre d'un point. La vie intellectuelle demande du temps, de l'espace, de l'effort et de l'inconfort.

« Mais pourquoi es-tu revenue de France, alors ? » vous dites-vous. Je suis revenue parce que nous avons les défauts de nos qualités. Le sens hiérarchique français m'étouffait. J'ai besoin de cette facilité dans les rapports humains qui est la nôtre. Mais si nous avons les défauts de nos qualités, est-ce que cela signifie que nous devrions nous contenter de nous asseoir sur nos acquis et ne pas espérer mieux ?

Je ne suis pas Denise Bombardier. Je n'idéalise ni la France, ni le cours classique. Ça ne m'empêche pas de croire que parfois, dans notre espace public, nous nous privons de paroles qui pourraient nous faire voir les choses autrement.

Vous avez dit snob?

Snob: Personne qui admire et imite sans discernement les manières, les goûts, les modes en usage dans les milieux dits distingués.

On me dit souvent que je suis snob. J'en suis même venue à prévenir les coups en m'affichant comme telle... C'est vrai que j'ai, par moment, des poussées de mépris dont j'ai honte. Que je trouve parfois les gens superficiels ou trop peu cultivés. Quand dans un jeu télévisé personne ne peut répondre à « Qui a écrit *Sur la route*? » ou « Quelle est la capitale de l'Italie? » je suis un peu découragée... Je peux être cinglante et déplaisante, mais la plupart du temps j'essaie d'être polie. J'essaie surtout d'éviter d'individualiser la question (même si parfois j'individualiserais la baffe à mes voisins dans certaines salles de spectacle!).

La première personne qui m'a traitée de snob, c'est ma mère. Je devais avoir quinze ans et je lui reprochais de lire le *Journal de Montréal*. Je trouvais que c'était un quotidien inintéressant. Je n'ai pas changé d'avis, mais aujourd'hui je ne reprocherais à personne de le lire (tant qu'il est écrit par des journalistes...). Je ne reprocherais à personne individuellement de le lire, mais je déplorerais que ça reste le journal le plus lu. J'ai appris à aborder les enjeux par la lorgnette sociale.

Lors d'une conférence, la chercheuse Angèle Christin nous apprenait que ses résultats de recherche la poussent à conclure à la disparition des snobs tels qu'on les connaissait, c'est-à-dire ceux qui s'intéressaient, en vase clos, à la culture dite légitime (la musique classique, par exemple). Les gens qui s'y intéressent aujourd'hui sont plutôt des omnivores, grappillant aussi du côté de la culture dite populaire. D'autre part, une large partie de la population s'intéresse uniquement à la culture populaire et ne démontre pas d'intérêt pour la culture légitime. Ça explique sans doute l'attitude parfois paternaliste des « nouveaux snobs » qui souhaiteraient que leurs concitoyens s'ouvrent à autre chose qu'à ce que leur offrent les superproductions. C'est finalement un snobisme plein de bonnes intentions...

Ce qui est fâchant dans le fait de se faire traiter de snob c'est qu'on sous-entend la définition citée en incipit. Je suis snob parce que je fais semblant de m'intéresser à une certaine nourriture intellectuelle pour bien paraître. (« Bien paraître » auprès de qui, se demande-t-on, puisque la majorité des gens me trouve snob !) Je vous rassure, je ne « comprends » pas toujours la poésie, la danse contemporaine ou les romans alambiqués, mais si je prends la peine de dire que ça m'a plu ou émue ou intéressée, je le fais avec sincérité. J'ai peu d'intérêt, par exemple, pour la musique instrumentale, mais il ne me viendrait pas à l'esprit d'accuser ses adeptes de faire semblant!

Quelle ne fut pas ma surprise d'entendre Nathalie Petrowski déclarer, à propos du film *Somewhere* de Sofia Coppola, à *Six dans la cité*: «Y a des gens branchés, poseurs, snobinards qui aiment ça... et ça m'énerve.» Je n'ai pas vu le film et je ne me mêlerai pas du débat esthétique, mais je trouve inconcevable qu'une critique accuse d'autres critiques d'être snobs. De faire semblant pour se donner un genre. Le message est clair: si moi j'ai détesté, ceux qui disent avoir aimé sont des poseurs. Un commentaire qui dégage un relent de populisme et qui me rappelle mes pires années d'école secondaire où, dès que ton goût ne concordait pas avec celui des grandes gueules du coin, tu étais quitte pour te tailler une place dans la catégorie des «péteux de broue»!

Le mépris est comme tout le reste: il a généralement deux faces. Ce mépris-là n'est pas moins détestable que le mien, dont je parlais au début de ce billet.

Il me semble que nous sommes bien peu dans la bande des maniaques de culture. Trop peu à trouver cela gratifiant, inspirant, grisant, nécessaire. Le minimum serait qu'on puisse être en désaccord sans se traiter de snobs... Ils sont assez nombreux, à nous attendre au détour, le mot déjà au bord des lèvres. Ils n'ont pas besoin qu'on commence à se bouffer entre nous en utilisant leur langage. Un langage qui remet en question notre plus grande richesse : la sincérité avec laquelle on accueille les œuvres qui nous sont offertes.

Penser hors de soi

Quand il est question d'individualisme, on parle surtout du règne de l'opinion. Mais cela me semble moins significatif que l'étiolement d'une pensée qui s'articulerait en termes d'enjeux sociaux. Car, quoi qu'on en dise, le « je » du chroniqueur n'est pas le « je » limité du vécu. Je peux tout à fait avoir une opinion personnelle mais qui soit instruite d'autre chose que de mon expérience individuelle. C'est plutôt la multiplication de ce deuxième « je » qui me plonge dans un grand désarroi.

Ça me frappait déjà quand j'enseignais au milieu des années 2000. Les cours sur le féminisme étaient toujours les plus révélateurs à cet égard, peut-être parce que, par sa nature même, le sujet renvoie à une identité intime. Toujours est-il que les commentaires du type « Mais moi, il est gentil mon chum… » étaient monnaie courante. Il fallait recommencer du début. Premièrement, le patriarcat ne parle pas de gentillesse ou de méchanceté. Il décrit un système d'aliénation, souvent intériorisé par les femmes comme par les hommes, qui encastre les identités et rôles sexuels dans des idées reçues et souvent au détriment de l'épanouissement des femmes. Deuxièmement, on n'analyse pas un phénomène social en se basant uniquement sur son parcours individuel.

Dans cette ère qui se veut créative et où on se gargarise de penser *out of the box*, il ne faudrait pas oublier le *out of yourself*. Ça ne veut pas dire qu'il ne faut pas se nourrir de ce qui nous arrive, mais comprendre que nous ne sommes pas, en nous-mêmes, un barème social.

J'ajouterais que penser la société, c'est interroger certains enjeux au-delà de nos besoins individuels et immédiats. S'extraire du clientélisme politique, c'est aussi cesser de se concevoir comme un consommateur de décisions. Pensons à ces gens riches qui ont demandé qu'on leur fasse payer plus d'impôts! On peut croire en une mesure sociale même si elle ne nous apporte pas d'avantages individuels.

C'est le chroniqueur David Desjardins, à travers sa série sur la procréation médicalement assistée, qui m'a permis de vraiment en prendre conscience. C'est sans doute niaiseux, mais je n'avais jamais fait le lien entre mon désaccord avec la nouvelle mesure de remboursement du gouvernement du Québec et mon propre désir d'avoir un enfant... à tout prix. Ça m'a frappée en lisant cette chronique de voir que des femmes dans ma situation estimaient de façon catégorique que le fait d'avoir un enfant est un droit[1]. Sans

---

1. David Desjardins, « Procréation assistée 1re partie – Deuils, désir et droit », *Voir*, 5 avril 2012.

rien enlever à la douleur de ceux qui ne parviennent pas à procréer naturellement, je me suis opposée à cette décision de Québec, essentiellement pour une question de priorité du système de santé. Et jamais, pendant que le débat avait cours, je n'ai pensé qu'il me concernait personnellement. Dans ce cas-ci, je ne crois pas que la meilleure décision pour moi est la meilleure décision pour la société.

Cette difficulté à sortir de soi dans l'expression des idées est sans doute le visage le plus dangereux de l'individualisme. Elle s'exprime dans la compréhension que les gens ont de phénomènes sociaux au regard de leur expérience et dans leur difficulté à penser le monde en dehors du vécu individuel (le leur ou celui qu'on leur raconte). Elle s'exprime aussi dans la culpabilisation individuelle qui caractérise maintenant presque toutes les causes, faisant toujours porter à l'individu le poids du changement. Je ne dis pas que nos choix individuels n'ont pas d'impact, mais les luttes sociales doivent aussi passer par des décisions collectives (changement législatif, limitation des actions de grandes entreprises, mise en place d'institutions, etc.).

L'une des conséquences majeures de ce phénomène est la difficulté à utiliser des concepts comme celui de patriarcat, d'aliénation, de classes sociales, de système. Ces concepts ne font aucun sens quand le réel n'est considéré que par un bout de la lorgnette et que la pensée sociologique s'avère impossible. Il n'est peut-être pas étonnant, dans ces circonstances, d'assister à la légitimation d'un certain discours populiste qui pose le bien-être individuel du « vrai monde » au cœur de ses considérations. Les gens sont nécessairement sensibles à ce discours puisqu'on ne semble pas leur avoir appris à se penser autrement, comme partie d'un tout.

Qui blâmer pour ce règne du « Moi, je... » ? Non pas tant le « Moi, je pense que... », où il y a au moins le germe d'une pensée, mais le « Moi, je suis... », où l'expérience est posée comme un fait incontournable, le vécu individuel comme une preuve empirique. Qui blâmer, donc ? Failles du système d'éducation ? Martèlement des médias qui posent de plus en plus le client/lecteur/consommateur au centre de leur travail ? Ou l'air du temps, simplement ?

Je veux de la cohérence

On pourrait penser que c'est mon fond judéo-chrétien qui me commande de ne pas faire aux autres ce que je ne veux pas qu'on me fasse. C'est plutôt mon fond de politologue qui tend à croire que plus cohérents nous serons, plus grande sera notre marge de manœuvre pour déconstruire les arguments des autres.

Je veux de la cohérence!

Je ne dis pas que c'est facile, mais il y a des pièges évidents que nous devrions savoir éviter.

Par exemple, lorsque Krista Erickson a lancé sa charge idiote contre *Monsieur Lazhar* en invitant les téléspectateurs de Sun TV à appeler les producteurs pour se plaindre, plusieurs personnes ont réagi en s'attardant à son apparence. Des personnes que je respecte au plus haut point... Pourquoi prêter le flanc ainsi?

Entendons-nous: je considère que Krista Erickson est une imbécile. Et d'une mauvaise foi sans nom. Mais cela n'a rien à voir avec son apparence (son sourire parfait, ses habits BCBG, sa teinture, ses ongles ou le reste). Si Krista Erickson était foncée, petite et un peu ronde avec une coupe de cheveux indéterminée et des lunettes, si elle me ressemblait, quoi! elle ne serait pas moins à blâmer. Alors pourquoi parlet-on de son apparence? Krista Erickson est peut-être où elle est, entre autres, parce qu'elle est une magnifique blonde. Mais elle y est surtout pour des questions d'idéologie et parce qu'elle sait prendre le ton que cherchent ses patrons.

Même chose quand un raccourci nous pousse à supposer que Sophie Durocher pense ce qu'elle pense parce qu'elle est mariée avec Richard Martineau. En tant que féministe, j'estime qu'encore trop souvent l'apparence des femmes ou leur état matrimonial est un argument pour discréditer leurs idées. Être cohérent, c'est assumer que cette éthique de l'argumentation vaut pour tout le monde. Dans l'un et l'autre cas il y a assez à déconstruire sans s'empêtrer dans des considérations qui nous mettent en porte à faux avec nos propres convictions.

Nous avons assisté au même type de dérive lorsque Jacques Villeneuve a eu la drôle d'idée de venir jeter de la gazoline sur le feu des manifestations étudiantes. Selon plusieurs, le coureur automobile aurait dû se mêler de ce qu'il connaît et se taire. Que répondons-nous aux gens de droite lorsqu'ils intiment aux artistes de se taire sous prétexte qu'ils n'y connaissent rien ? Que c'est un débat social qui concerne tout le monde. Devrions-nous préciser « tout le monde, sauf Jacques Villeneuve » ? Ou pire encore : « tout le monde, sauf ceux qui ne sont pas d'accord avec nous » ?

On me répond alors que Jacques Villeneuve ne vit même pas ici. Pourtant, on applaudit quand les journaux français se moquent de nos commentateurs de droite ou quand Daniel Cohn-Bendit y va de son point de vue… Je veux de la cohérence! Déconstruisez ce que Villeneuve affirme, mais ne venez pas me dire qu'il n'a pas le droit de parler.

Le même type d'argument a été servi à Gilbert Rozon. Moi aussi, je trouve qu'il en a trop fait. Moi aussi, je pense qu'il était inutile (et peut-être même explosif) de vouloir se placer comme médiateur quand ça fait des semaines qu'il répète à qui veut l'entendre sa couleur très marquée. Moi aussi, j'en ai marre que Gilbert Rozon parle des insultes qu'il reçoit sans jamais signaler que ça insulte aussi de l'autre côté. Mais je décroche quand on le somme de retourner à ses affaires…

À ce compte, on va tous retourner jouer dans nos carrés de sable restreints. On va donner raison à ceux qui demandent aux journalistes culturels de ne pas se mêler de politique. On va demander aux humoristes qui ont pris les planches de rentrer dans les rangs du silence. Et aux parents d'élever leurs enfants au lieu de les laisser taper sur des casseroles à pas d'heure. Moi, je me contenterai de me taire et d'être Ontarienne.

Je ne peux que féliciter les défenseurs de l'ordre établi qui ont l'audace de s'assumer dans leur position.

C'est plus louable que de se contenter de regarder le train passer sans véritablement se sentir concerné.

Une fois cela dit... continuons notre travail de critique, mais cessons d'attaquer avec des arguments que nous trouvons généralement dégoûtants. Je pense que si nous voulons gagner cette lutte idéologique, il faudra s'assurer d'être plus rigoureux (et cohérents) que nos adversaires. Ça ne nous assure pas la victoire, mais ça nous évite de leur donner des munitions.

Aliénation, humour et lieux communs

Au cœur des événements qui ont bouleversé le printemps 2012 au Québec, plusieurs initiatives sont nées pour appuyer la position des étudiants ou pour dénoncer l'intransigeance du gouvernement du Québec et l'adoption du projet de loi 78. Parmi ces initiatives, la Coalition des humoristes indignés (CHI) a organisé un spectacle-bénéfice pour soutenir certains organismes étudiants.

Coup de théâtre : la CLASSE a finalement refusé cet argent suite à la demande du Comité Femmes GGI en évoquant le caractère souvent sexiste de l'industrie de l'humour, y compris le soir du spectacle de la CHI. Cette décision, qui m'apparaît pourtant d'une implacable intégrité, a jeté un froid et provoqué son lot de commentaires acerbes.

Plusieurs personnes m'ont dit que pour quelqu'un comme moi qui pourfend souvent la censure, il est incohérent d'approuver une telle décision. On confond trop souvent censure et critique.

Je suis féministe. C'est commun de le dire, mais rappelons que le féminisme n'est pas monolithique. En tant que féministe, je crois que la lutte pour l'égalité des droits est importante, mais ce n'est pas celle qui m'occupe le plus. C'est le combat le plus admis et le plus répandu ; je laisse le soin à d'autres de s'y consacrer en étant bien consciente que sans celui-là je ne pourrais continuer le mien. Mon combat, c'est celui du langage et de l'identité, plus particulièrement du décloisonnement de l'opposition masculin/féminin. Toutes les féministes ne mènent pas cette lutte. Nous sommes beaucoup moins nombreuses et nombreux à accorder de l'importance à cet aspect des choses.

Vous remarquerez que je ne féminise pas mes textes. Je ne trouve pas ça ridicule de le faire, mais ce n'est pas non plus mon combat. Plus spécifiquement, mon combat concerne l'ancrage des notions masculin/féminin au cœur de lieux communs que j'estime être extrêmement nocifs. Ces lieux communs prennent l'allure de vérités par leur simple répétition. Nous croyons que notre conception du masculin et du féminin est naturelle et nous refusons de voir comment elle maintient le statu quo, reproduit l'exclusion et freine les changements de mentalités.

Les lieux communs (ceux de genre en particulier) sont la nourriture de base des humoristes. J'en connais peu qui ne s'y alimentent pas, encore moins qui les remettent en question. (Ce qui ne m'empêche pas de bien aimer certains d'entre eux et, parfois, de rire de leur abus de lieux communs. Oui, il m'arrive de prendre plaisir à des expériences culturelles qui me semblent pourtant aliénantes.)

Or, je considère qu'en matière de reproduction des lieux communs, il n'y a pas de position neutre. Ou tu les pourfends, ou tu les consolides. C'est ce dont parlent les signataires du Comité Femmes GGI lorsqu'elles accusent le milieu de l'humour de renforcer des stéréotypes. Sous prétexte de deuxième degré, les humoristes reprennent effectivement un paquet de lieux communs censés faire rire et surfent sur le consensus.

Quand j'affirme que je ne me reconnais pas dans le public des humoristes, on me dit que c'est un jugement de valeur. Je crois que nous sommes plutôt face à un *débat* de valeurs. Je ne trouve pas que les humoristes concernés ou que les gens qui les admirent sont nécessairement des imbéciles. J'estime qu'ils cautionnent un lent travail d'aliénation, souvent sans en être conscients. Un lent travail qui définit ce qu'est un *vrai* homme, une *vraie* femme.

Qu'est-ce que la plupart des gens pensent de mes valeurs (et de celles du Comité Femmes GGI) ? Ils pensent que nous sommes des adeptes de la censure (j'ai lu une comparaison avec les ayatollahs dans des commentaires sur Internet). Des femmes qui nient la nature, qui nuisent à la paix sociale. Des frustrées. Mes préoccupations sont ridiculisées, mais c'est moi qui pose un jugement de valeur. Ayons au moins la décence d'admettre que le jugement est bidirectionnel... Nous ne nous comprenons pas, manifestement.

Ce qui choque tant dans une position comme la mienne, c'est la notion d'aliénation. Vous vous sentez jugés parce que je vous dis que vous êtes moins libres que vous le croyez. Mais nous sommes tous dans le même bateau. La culture dominante, avec ses images fortes, est un rouleau compresseur. Je n'y échappe pas. Je suis tellement aliénée, à vrai dire, que je n'aurais jamais assumé la décision que le Comité Femmes GGI a prise. Parce que dès qu'il est question de *show-business*, je me ramollis.

C'est en cela que ce geste est fascinant et important. Le monde du *show-business* est une roue promotionnelle sans fin à laquelle on met l'épaule en souriant. Elle baigne dans un tel consensus mou, une telle hypocrisie du « tout le monde aime tout le monde », que le moindre couac nous semble d'une gravité absolue. Que s'est-il passé ? Un groupe politique refuse de l'argent d'un groupe artistique parce qu'il estime que leurs conceptions du combat à mener sont incompatibles. Un groupe mène une lutte contre l'aliénation, l'autre groupe non. Les humoristes de la CHI n'ont d'ailleurs jamais menti à ce propos : ils étaient là pour dénoncer le projet de loi 78. Point barre.

Il n'y a pas de censure dans ce geste, il y a une dissension. Pour être honnête, j'aimerais en voir plus souvent.

Subversion

Imbroglio entre Métromédia Plus, la Société de transport de Montréal et la compagnie théâtrale Sibyllines concernant l'affiche de l'*Opéra de quat'sous*. La photo qui représente deux femmes en lingerie des années 1930 a été considérée comme trop obscène pour être affichée dans les transports en commun de Montréal. J'ai beau regarder l'affiche sous tous les angles, impossible de comprendre ce qu'il peut y avoir là de choquant en 2011 à Montréal. Les filles sont en sous-vêtements, certes, mais ce sont des dessous d'une autre époque, plus habillés que bien des *looks* d'été qu'on croise dans la rue... L'histoire cependant n'est pas claire et comme nous nageons en plein flou administratif, je ne ferai pas de procès d'intentions.

Je veux tout de même revenir sur les propos tenus par une employée anonyme de Métromédia Plus à la journaliste Frédérique Doyon : « Rien d'offensant, de sexuel ne passe dans le métro[1]. » J'ai bien failli m'étouffer dans ma tartine (il y a danger à lire le journal en déjeunant). Je me demande si elle a vraiment dit cette phrase sans un soupçon de rire au fond de la voix.

---

1. Frédérique Doyon, « Un autre cas de censure ? », *Le Devoir*, 12 octobre 2011.

Photo: Angelo Barsetti + Design: Studio T_bone.
Une création de Productions Sibyllines.

J'ai quitté Montréal depuis deux ans, mais je doute que les choses aient tant changé. Pendant plusieurs mois, le métro Beaubien nous gratifiait d'une pub de *sex-shop*, pas sexy du tout, mais très suggestive. Et que dire des annonces de jeans, de sous-vêtements, de parfum (dont on se demande parfois si elles ne sont pas des annonces de sous-vêtements).

Cette histoire m'a rappelé le « Calendriergate » que nous avons vécu à Ottawa en 2010. Suite à la parution d'un calendrier (illustré par les œuvres de Diana Thorneycroft) faisant office de programmation annuelle du Théâtre français du Centre national des arts, il y aurait eu quelques plaintes. Les photographies de Mme Thorneycroft mettent en scène des figurines qui détournent certains symboles canadiens (castors et caribous, mais aussi Anne de *La Maison aux pignons verts*, Don Cherry, etc.) et proposent un regard décalé sur l'esthétique du Groupe des sept. Quelques plaignants auraient affirmé que ces images parfois violentes ou sexuelles avaient traumatisé des enfants.

Lors d'une entrevue avec Wajdi Mouawad, le chef d'antenne du téléjournal de 18 h à Radio-Canada Ottawa/Gatineau, Michel Picard, a évoqué « des images si réalistes ». Cette fois-là, c'est dans ma darne de saumon que j'ai failli m'étouffer. Des images réalistes ? Avec des petites figurines en plastique ? Choquer des enfants et des adolescents ? Ceux-là

Couverture du programme de la saison 2010-2011 du Théâtre français du CNA. Œuvre : Diana Thorneycroft, The Canadiana Martyrdom Series (The Martyrdom of the Great One), photographie digitale, 2006. Design : Laurent Pinabel.

mêmes qui jouent à des jeux vidéo immersifs et remplissent les salles de cinéma pour voir des films produits dans une usine à saucisses où la vulgarité et la violence font partie des ingrédients incontournables ? Qui regardent des vidéoclips où l'image objectale de la femme ne peut être remise en question ?

Le thème du Théâtre français du Centre national des arts cette année est « Nous ne sommes pas dangereux ! » Je comprends ce slogan dans ma chair. Actuellement, j'ai cette image du milieu artistique. Je nous vois avancer vers le public, les mains ouvertes, les poches renversées, comme pour dire : « Nous ne sommes pas armés, nous ne vous voulons aucun mal. » Parce que dans ces deux histoires se retrouve le même fil conducteur : les gens ont des réactions de rejet devant des images artistiques qu'ils n'auront pas devant des images commerciales.

Le plus difficile dans cette dynamique, ce sont toutes ces mauvaises intentions que l'on prête aux artistes. Une frange du public, des fournisseurs, des médias semble convaincue que les artistes sont tous de potentiels manipulateurs qui veulent les mener, malgré eux, sur le chemin de la subversion. Pourtant, contrairement au discours commercial, le discours artistique n'a habituellement pas d'objectifs fixes. Il est moins dans le résultat que dans le cheminement, dans la démarche. C'est un discours en mouvement, un dialogue.

En contrepartie, le discours commercial a des objectifs clairs, chiffrés. Et nous sommes si peu nombreux à tenter d'y résister. Parce qu'il est mieux lubrifié ? Parce que nous y sommes trop habitués et qu'il nous semble, de toute façon, incontournable ? Parce qu'on aime s'imaginer qu'il n'est pas financé par nos taxes?

Osez contester les images bombardées par des véhicules commerciaux, il s'en trouvera pour évoquer la liberté et vous suggérer de changer de poste si vous n'êtes pas content. Mais montrez-leur une Anne de *La Maison aux pignons verts* de deux centimètres en plastique qui offre ses seins sur un plateau et ils vous accuseront d'être un loup pour leurs enfants.

Est-ce bien ça, le conservatisme actuel? Une idéologie qui pardonne à ce qui vend, mais suspecte ceux qui interrogent?

Les Muppets tournent au rouge

Lors de la sortie du dernier film les mettant en vedette, Fox Business Network a qualifié les Muppets de communistes. Impossible de ne pas repenser à Superman qui avait eu droit à une presse semblable lorsque le personnage de bande dessinée avait choisi de renoncer à sa citoyenneté américaine pour devenir citoyen du monde. Sans compter le livre d'Antoine Buéno paru récemment sur les idéologies sous-jacentes dans les Schtroumpfs et la nouvelle identité de Spiderman (enfant métis) qui ont aussi beaucoup fait jaser.

La première réaction face à ces théories est de railler ceux qui tentent de mettre de l'idéologie où il n'y en a pas. Cela ne me semble pas porteur considérant qu'il y a de l'idéologie partout. D'autant plus que la portée d'une œuvre, surtout si elle relève de la culture de masse, dépasse grandement l'intention de son créateur.

Je crois que les films pour enfants sont moins innocents qu'on le croit. En tant que puissant outil de culture de masse, ils peuvent avoir un impact important sur les valeurs collectives. Si un film faisait l'apologie d'idéaux de droite, nous (gens de gauche sensibles à l'influence de la culture) serions les premiers à pousser les hauts cris. Ce n'est donc pas parce que son objet est risible que l'argument de la très conservatrice Fox doit être dénoncé, mais uniquement parce qu'il ne tient pas la route.

Il faut avoir un certain humour pour affirmer que Hollywood défend des idéaux de gauche depuis très longtemps. Des idéaux de gauche ? Dans tous ces films où la peur de l'autre, qu'il soit communiste ou musulman, justifie le recours aux armes et aux pétarades en tout genre ? Dans tous ces films conventionnels aux valeurs lisses qui confortent des idées strictes sur le succès et le bonheur ? Je n'ai pas d'études sous la main, mais il me semble qu'une large part du cinéma hollywoodien repose encore sur des héros *self-made-men*. Rien de radicalement communiste là-dedans...

Il est vrai qu'il y a une trame assez convenue dans plusieurs films pour enfants où les gentils artistes bohèmes affrontent de méchants hommes d'affaires. C'est un peu la fable de la cigale et de la fourmi revisitée, mais c'est toujours la cigale qui gagne ! Bien que je n'aie pas vu *Les Muppets*, il me semble effectivement que le scénario corresponde à cette trame. Si vos enfants voient plusieurs films du genre, il se pourrait que ça influence leur vision du monde. Mais globalement, on ne peut tout de même pas dire que le socialisme y est à l'honneur. (Il faut dire que la droite américaine a une définition très extensible de la gauche...)

La principale faiblesse de toutes ces théories, soient-elles produites par des chercheurs, des journalistes ou des commentateurs, c'est qu'elles tentent d'établir un lien entre une production culturelle et l'impact direct sur la population.

Dans une chronique qui portait sur le livre d'Antoine Buéno sur les Schtrumpfs, Marc Cassivi écrivait: « Je ne suis pas convaincu qu'il y a eu une flambée d'antisémitisme, ni même le germe d'un sentiment hostile face aux Juifs chez de jeunes lecteurs, lorsque le premier album des Schtroumpfs est paru en 1963[1]. » Ce n'est pas la question... Du moins, ça ne devrait pas l'être.

Une jeune fille ne souffrira pas de son image corporelle parce que vous lui mettez une fois entre les mains une photo d'un corps modifié sur Photoshop. Les images ambiantes que véhicule la culture de masse ont un impact parce qu'elles sont répétitives, insistantes et souvent insidieuses. Si une grande quantité de méchants cupides et radins arborent le même « nez juif », comme ce serait le cas de Gargamel selon Buéno, les images finissent par avoir un impact. Ces images volontairement caricaturales de la BD répondent à d'autres images véhiculées par la culture populaire (comme le lien entre les Juifs et l'argent)

---

1. Marc Cassivi, « Le péril bleu », *La Presse*, 2 juin 2011.

et c'est cela qui forme la toile complexe qui nous influence.

Est-ce que les Muppets sont communistes ou expliquent le mouvement Occupy? Il ne suffit pas de dire non. Il faut déconstruire les arguments et non pas nous contenter de répondre qu'il est absurde de chercher de l'idéologie chez une bande de marionnettes. Sinon, le jour où nous voudrons faire valoir qu'Hollywood participe à la peur de l'Autre ou à la construction de l'image réductrice des relations de genre, nous pourrions nous faire répondre: «Mais voyons, ce n'est que du divertissement!»

Prix Cendrier et Oxygène : bonne prémisse, mauvais véhicule

Si les productions culturelles ont de l'influence sur les valeurs communes d'une société, il en est de même pour les habitudes de vie. En ce sens, la prémisse sur laquelle s'appuie le Conseil québécois sur le tabac et la santé (CQTS) n'est pas mauvaise. L'exposition à des modèles valorisant l'usage du tabac peut, sans aucun doute, en encourager la consommation. Pourtant, il m'apparaît que les prix Cendrier et Oxygène du cinéma et de la télévision remis par le CQTS font fausse route.

D'abord, une étude sur le rôle des médias et des produits culturels ne peut pas se résumer en une colonne de chiffres. Une analyse quantitative ne sera jamais suffisante pour comprendre un phénomène aussi complexe. L'étude commandée[1] par le CQTS à l'École des sciences de la gestion de l'UQAM ne concerne que les occurrences de tabac à la télévision et au cinéma. On relève le nombre de fois qu'on présente l'usage du tabac dans une œuvre, on soumet une brève évaluation binaire de l'image (positive/

1. Lilia Boujbel et autres, *Portrait de l'utilisation du tabac dans les films et les dramatiques québécoises : synthèse des résultats*, École des sciences de la gestion – UQAM, 4 mars 2011.

négative) et c'est tout. Aucun spécialiste de l'image ou sociologue du cinéma, aucun sémiologue ne sont impliqués. On ne met pas l'œuvre en contexte, on n'interroge pas son public cible, sa réelle pénétration dans la société québécoise ou son sens esthétique.

Pourtant, quand on s'intéresse à l'impact des médias ou de la culture sur des comportements, on ne peut pas considérer toute la production sur un pied d'égalité. Comme le CQTS est particulièrement préoccupé par le tabagisme chez les jeunes, une étude sérieuse commencerait par s'interroger sur les produits culturels que consomment les jeunes.

En ce sens, le choix de *Twilight* comme prix Oxygène 2010 semble viser juste. Voilà un film qui a sans doute de l'impact sur la définition du « cool » pour plusieurs jeunes. (Être mère, je préférerais que mon adolescente ne carbure pas trop à un produit culturel qui présente un vampire contrôlant comme le summum du romantisme, mais c'est un autre problème.)

Bien que ce fût prévisible, le choix du film *Les amours imaginaires* comme prix Cendrier 2011 étonne. Triste à dire, mais comment un film vu au cinéma par à peine plus de 65 000 personnes peut être considéré comme une influence sur les habitudes de vie des Québécois ? D'autant plus que les études démontrent que la récurrence du tabagisme concerne surtout des classes sociales qu'on rencontre peu au cinéma Parallèle et beaucoup dans des petites villes et en région[1], là où le film de Dolan ne s'est sans doute jamais rendu. S'il est vrai que les compagnies de tabac se battent pour que leurs produits apparaissent à l'écran, je les soupçonne d'avoir peu d'intérêt pour un film au potentiel commercial à peu près inexistant.

Notons aussi que la mise en contexte ne peut pas être évacuée d'une analyse sérieuse. Une étude sur la violence à l'écran doit faire la différence entre un film historique sur la guerre 14-18 et une scène de film pour adolescents où le coup de poing est présenté comme une manière de régler un conflit. De la même façon, on ne peut pas mettre sur le même pied l'utilisation du tabac dans *La Galère*, dans *Les Rescapés* ou dans *Dédé à travers les brumes*. Tout diffère : esthétique, genre, époque, contexte, réalisme. Le public est

---

1. Service de lutte conte le tabagisme de la Direction générale de la santé publique, *Plan québécois de prévention du tabagisme chez les jeunes 2010-2015*, Ministère de la Santé et des Services sociaux, juillet 2010. En ligne : http://publications. msss.gouv.qc.ca/acrobat/f/documentation/2010/10-006-06F. pdf. Voir aussi : Robert Pampalon et autres, *Les inégalités sociales augmentent-elles au Québec ?* Institut national de santé publique du Québec, 2008. En ligne : http://www.inspq.qc.ca/ pdf/publications/778-BulletinMortaliteEvolution.pdf.

parfois un peu mouton, mais pas complètement idiot. Toutes les images ne lui font pas le même effet.

Finalement, je trouve qu'on perd de vue le chemin parcouru. Il y a quelque temps, la production culturelle était effectivement marquée par une association «gratuite», assez plastique, entre la cigarette et certains styles de vie, y compris dans des produits culturels dont le public cible était adolescent (repensons à un film comme *Grease*).

Ce genre de scènes se font rares aujourd'hui, mais ça n'exclut pas que certains problèmes persistent et que certaines hypothèses du CQTS mériteraient d'être fouillées. Par exemple, je présume qu'il y aurait quelque chose à tirer d'une analyse approfondie de *La Galère*, émission grand public où le tabac apparaît souvent associé à la gestion du stress.

Le CQTS devrait se concentrer sur des études mieux ciblées et plus complètes, et laisser tomber cette remise simpliste de prix. En plus d'éliminer le flou entre préoccupation de santé publique et évaluation de la production artistique, ça aurait l'avantage de prouver qu'on ne nous prend pas pour des idiots. Ça ferait changement de la part d'un lobby qui a fait de l'infantilisation sa marque de commerce depuis trop longtemps.

Parlons de ce que dit Anne-Marie Losique, pour une fois

La seule liberté, c'est d'être conscient de ce qui nous asservit, nous conditionne, nous fabrique.
David Desjardins[1]

Malaise aux *Enfants de la télé* le soir où Sébastien Benoît se permet un commentaire sur l'apparence d'Anne-Marie Losique post-chirurgies esthétiques. Suzanne Lévesque réagit promptement en évoquant la pression sociale à laquelle les femmes sont soumises.

Je suis assez d'accord avec elle. La chirurgie esthétique est un choix individuel, qui, comme tout choix individuel, est motivé par une série de pressions sociales. Une fois cela dit, je ne vois pas au nom de quoi on discuterait du choix individuel d'une femme (ou d'un homme !) pour juger si elle était plus ou moins jolie avant. Si nous voulons avoir un débat sur la chirurgie esthétique et les pressions sociales qui sous-tendent cette pratique, lâchons Anne-Marie Losique, et faisons un débat de société.

D'autant plus que pendant qu'on critique Anne-Marie Losique sur son nouveau nez, son nouveau look,

---

1. David Desjardins, « Le (grand retour du) département des plaintes », *Voir*, 18 novembre 2010.

ses piercings ou ses nouveaux seins, on ne critique pas ce qu'elle dit. Voilà qui est fascinant! À cause de son apparence, on aime croire qu'Anne-Marie Losique est un peu tarte. Chaque fois, on semble abasourdi de découvrir qu'elle s'exprime bien et qu'elle a des choses à dire.

Pourtant, quand elle tente de nous faire croire que sa démarche est féministe, j'ai des nausées. Anne-Marie Losique revendique le droit d'être qui elle est, de vivre son rapport à son corps comme elle l'entend et, se faisant, elle se proclame féministe, parce que femme « libérée ». (Un bon moment pour relire la phrase de David Desjardins en incipit...) Or, ce n'est pas parce qu'elle condamne, avec raison, le jugement abrupt des gens face à des parcours marginaux que ça fait d'elle une féministe.

Le féminisme est une école de pensée qui étudie des phénomènes de société, pas uniquement l'addition de parcours individuels de femmes dites libérées. Le féminisme dénonce le patriarcat, un mode d'organisation sociale qui a tendance à favoriser, de façon systémique, le pouvoir des hommes. Le patriarcat ne repose pas uniquement sur les hommes, mais aussi sur les femmes qui ont intégré des façons de faire et d'être qui nous confinent, les uns et les autres, dans des rôles prédéterminés.

Anne-Marie Losique se proclame féministe parce qu'elle remet en question ces rôles en occupant une place jadis réservée aux hommes. Qu'elle se détrompe : ce ne sont majoritairement pas des féministes qui achètent son livre et s'abonnent à sa chaîne télé. La consommation de la pornographie peut être un choix, mais la pornographie comme industrie n'est pas un gage d'égalité entre les sexes. Y a quand même des limites à se mettre la tête dans le sable !

En fait, le discours d'Anne Marie Losique est un bel exemple de ce que je reprochais à d'autres au début de mon billet : il n'y a de regard sur le monde qu'à partir d'une lorgnette individuelle. Si discuter des bienfaits de l'avant/après chirurgie esthétique d'une personnalité connue, ce n'est pas avoir un débat sur la chirurgie esthétique, être une femme d'affaires puissante qui réussit, ce n'est pas faire avancer la cause des femmes. Surtout si pour arriver à ses fins on se contente de rentrer dans un moule autrefois exclusivement occupé par des hommes. Un moule capitaliste qui réalise des profits importants grâce à une industrie qui fonctionne sur un modèle assez simple : l'exploitation de l'image-objet de la femme destinée à un consommateur homme.

Mais personne ne répond jamais à ce que dit Anne-Marie Losique. On est trop occupé à commenter comment elle est (dés)habillée.

Je me demande si elle est stratège au point d'avoir prévu que nous serions si faciles à mystifier...

Allez, brebis! En rang pour la révolte

Journée sans maquillage. Sur le coup, je dis oui. C'est important qu'on se rappelle qu'on est belle sans « tous ces artifices », que toutes les femmes ont leurs complexes. (Me souviens bien de cette entrevue où Claudia Schiffer expliquait avoir ses complexes : son gros orteil était pas mal gros. Ça m'a vachement aidée dans mon cheminement d'adolescente...)

Je dis oui. Après tout, je ne suis pas trop pitoune dans mon genre et je trouve ça révoltant qu'on soit aliénée par des instruments de beauté. Bon, on se demande un peu ce que veut dire « au naturel » quand on lit : « ... elles ont accepté de faire la rencontre d'un homme, un inconnu, devant la caméra, sans mascara. Au naturel, quoi.[1] » Est-ce que le mascara tue plus le naturel d'une femme qu'une caméra ?

Je dis oui donc, mais je me rends compte que je fais mon petit rituel du matin avec au cœur une grande tristesse. Une lourdeur. Je dis oui, mais j'ai envie de dire non. Je me suis regardée dans le miroir : « Est-ce que je peux sortir sans fond de teint ? » Non, je ne peux pas. Je ne suis pas capable. Pour des raisons qui sont les miennes. Parce que oui, j'ai des choses à

---

1. Sylvia Galipeau, « La drague au naturel », *La Presse*, 8 juin 2011.

cacher. (J'aurais pu me passer du mascara, mais pourquoi ? En solidarité avec qui ?)

En disant non, je me sens sale, je me sens indigne
de mon étiquette de féministe. Voilà! Je suis une maudite aliénée du fond de teint. C'est qu'un jour j'ai eu
l'impression que si les gens vous prennent comme
vous êtes, ça ne les empêche pas de vous regarder
un peu de travers si vous avez quelque chose qui ne
tourne pas tout à fait rond. Alors j'ai décidé que le
fond de teint était le moindre des maux, si ça me
permettait d'éviter certains regards et quiproquos.

Ensuite, j'ai pensé à l'été. Qui dit été dit party de
piscine. J'ai pensé que je devrais me taper encore une
fois ces partys où je ne me baignerai pas. Et où des
gens se permettront d'insister, convaincus que c'est
parce que je me trouve grosse. J'aurai droit à tous les
discours sur l'amour de soi. Je sourirai bêtement, en
me rappelant de *caller* malade la prochaine fois.

Même si c'était parce que je me trouve grosse que
je refuse d'être en maillot de bain, au nom de quoi ça
concerne quelqu'un d'autre que moi (et mon théra-
peute, admettons)? Au nom de quoi mon rapport à
mon corps est-il devenu un objet banal de discussion,
comme si on n'était pas en train de marcher sur le
pied de mon intimité? Au nom de quoi me fait-on la
leçon? Au nom du sens commun: tout le monde sait

que c'est par l'amour de soi qu'on s'épanouit dans la vie. Et les gens veulent mon bien. Malgré moi, parfois.

Puis, j'ai pensé à ces femmes qui décident de ne pas allaiter. Peu importe leurs raisons. À ces femmes qui refusent la pression du milieu, de la famille, du système de santé. La pression publique qui, pour le bien de leur enfant, veut leur imposer, à travers leur corps, un comportement. (Et comprenez-moi, je rêve d'allaiter un jour... Mais qui suis-je exactement pour juger une femme qui ne s'en sent pas capable ou qui n'en a pas envie ?) J'ai pensé à ces femmes et je me suis demandé si j'avais rêvé ou si on s'était bien battue, toutes ces années, pour avoir la liberté de faire ce qu'on veut de nos corps.

À quel moment avons-nous commencé à faire de tout combat un agrégé de culpabilisation pour l'individu (fumeur, gros, maquillée, propriétaire d'une voiture, etc.) ? Au moment, je suppose, où l'analyse des phénomènes collectifs s'est intéressée davantage à la psycho-pop qu'à la sociologie. La psycho-pop, par nature, crée recettes et catégories. Dans ce cas l'équation est simple : maquillage = artificialité.

Ne vous méprenez pas, je comprends bien que cette journée sans maquillage vise à remettre en question un modèle standardisé de la femme. Mais pourquoi faut-il un standard pour répondre au standard ?

Pourquoi, notre seule réponse aux rangs serrés de la société, c'est de se placer en rang... en sens opposé?

Allez brebis, pour bien signifier qu'on en a marre de se faire bourrer le crâne, on va se faire teindre en mouton noir. Toutes en même temps!

Généra(lisa)tion

Bien que j'admette qu'il puisse être utile, quelque chose m'agresse dans le concept de génération. Pour faire vite, on pourrait dire que c'est la généralisation qu'il implique souvent qui m'horripile.

Je suis tombée sur une lettre d'un enseignant du collégial qui disait des jeunes de la génération actuelle qu'ils n'ont aucun sens de l'échec. Aucun sens de l'échec ? Comment un être humain (avec une santé mentale à peu près normale) pourrait n'avoir aucun sens de l'échec ? Nous avons tous des angoisses qui se creusent comme des failles, des failles dans lesquels nous nous prenons les pieds la plupart du temps. Nous avons tous vécu, à des degrés divers, rejet, frustration, privation, colère, compétition, etc.

Mon malaise face aux théories générationnelles vient du fait que nous détournons un concept sociologique qui devrait être utilisé avec parcimonie pour en faire un concept psychologique avec lequel on tartine tout et n'importe quoi. En témoigne d'ailleurs cet acharnement avec lequel on s'obstine sur les dates du baby-boom pour savoir si telle ou telle personne en fait partie. Comme si d'être né en 1944 ou en 1946 changeait fondamentalement quelque chose à votre ADN ou à vos valeurs.

Le concept de génération détermine des tendances, il peut mettre en lumière des dynamiques sociologiques ou permettre de dresser un portrait de l'air du temps. Il est déplorable de l'utiliser pour faire une analyse psychologique du type : « Elle est ainsi, c'est une X », « Il agit comme ça, c'est ça un Y ». Déplorable et absurde.

Mais est-ce vraiment surprenant ? Le tout à l'individu et au vécu tend à nous faire « psychologiser » n'importe quoi et à centrer toute analyse sur l'expérience individuelle. C'est entre autres ce qui rend la pensée féministe si difficile. Même phénomène avec le concept de classes sociales rendu quasiment caduc à l'ombre du rêve américain grâce auquel on a convaincu les gens qu'ils sont les seuls responsables de leur sort. Or, la première règle lorsqu'on analyse des phénomènes sociaux, c'est de comprendre qu'un tout n'est pas seulement l'addition de ses parties. Ce n'est pas parce que des hommes sont gentils que le patriarcat n'a pas de poids, ce n'est pas parce que certains individus réussissent à sortir du lot qu'il n'y a pas d'atavismes de classe.

Chose certaine, tout le monde vit douleur et échec, tout le monde est déchiré entre respect des institutions et liberté, tout le monde évolue dans une quête de sens, d'identité, de valeurs. Il serait absurde de présumer qu'il y ait plus ou moins de ces mouvements fondamentaux chez l'une ou l'autre génération, même s'ils se vivent et s'expriment différemment, même si chaque individu ne les pense pas avec la même acuité.

Cette réflexion est devenue pour moi nécessaire après un café littéraire aux Correspondances d'Eastman 2011 qui nous a gratifiés de tous les clichés sur l'aspect envahissant des technologies qui minent la liberté de la nouvelle génération. Comme si la liberté des générations précédentes n'avaient pas été envahies par la foi, par les idéologies, par les institutions rigides, etc. Or, ce premier niveau d'analyse me semble cohérent bien que je ne partage pas ce point de vue. Ça se gâche quand, inévitablement, la discussion générationnelle conclut à un effritement des valeurs et porte des jugements sur les jeunes de cette génération, soudain considérés comme des handicapés du sens.

Ainsi, parce que coincés dans le rythme effarant de la technologie, les jeunes d'aujourd'hui seraient à la fois victimes et agents de notre chute, considérés un peu comme une génération perdue qui ne saurait pas prendre le temps de la réflexion. Temps, il est vrai, dont ont amplement profité leurs parents ainsi que le prouvent la prolifération des centres d'achat, l'explosion des théories de psycho-pop et la dictature de la tourbe...

Au royaume des enfants rois

Quand j'étais enfant, on disait beaucoup de choses sur moi dans les médias. J'étais de cette génération issue de parents divorcés qui avaient donné deux noms à leurs enfants. (J'ai été bien surprise, d'ailleurs, d'apprendre qu'on pouvait avoir deux noms dissonants. J'avais toujours été convaincue qu'il fallait rimer, comme dans Voyer-Léger.) On disait que mes enfants allaient porter quatre noms de famille et que ça n'aurait pas de fin, et que vraiment «où va le monde!» Le nombre de conneries qui se dit...

On disait aussi que nous étions des enfants rois accompagnés de nos «parents sujets». Surtout si nous étions uniques. Tout le monde sait que les enfants uniques sont mal élevés et gâtés pourris. L'enfant unique était présenté comme un fléau, un danger. Un enfant unique, ça ne pense qu'à soi (et surtout à ses affects). Je suis donc de cette génération d'enfants insupportables élevés par des parents qui n'ont pas osé leur mettre de limites. Au moins, les générations qui ont suivi ont hérité des mêmes défauts, et plus encore (eux, ils sont pervertis par la technologie). Je dis «au moins» parce qu'au plan individuel, ça me rassure de savoir qu'on a pu faire pire que nous, même si au plan social ça annonce une méchante catastrophe...

Je pensais à ça l'automne dernier lorsque ma mère était malade et que je faisais des aller-retour entre Ottawa et les Hautes-Laurentides, le téléphone branché dans l'oreille, la route d'automne sous les roues, l'organisation événementielle qui me poussait dans le derrière au bureau. Les obligations financières, les échéances de ma mère travailleuse autonome, les discussions avec les médecins, la recherche de solutions. Je me disais qu'au moins, les enfants rois ne sont pas rigides et ont une certaine capacité d'adaptation. Parce qu'ils vont avoir besoin de quelques mégatonnes de souplesse pour gérer ce qui s'en vient : le vieillissement du royaume.

J'ai fait beaucoup de route pendant ces quelques jours d'automne (heureusement, ma mère n'avait rien de trop grave). Je me suis demandé ce qui arriverait si ça se reproduisait, et que la même chose arrivait à mon père en même temps. J'ai aussi pensé à cet enfant que je souhaiterais avoir seule si ma vie ne se décide pas à se jouer en duo. Je me suis vue, dans cinq ans, mère monoparentale avec deux parents qui vieillissent doucement. J'ai eu un essoufflement passager, comme un petit coup de chaleur.

Parce que si nous admettons l'hypothèse de la génération des enfants rois... Si nous admettons que c'est vrai que nous avons tout eu. Vrai que nos parents n'ont fait rien d'autre toutes ces années que de se déchaîner pour nous. Vrai qu'on a été tellement gâtés qu'on est devenus des adultes égocentriques et mous qui estiment que tout leur est dû. Si nous admettons que c'est vrai, je vous annonce que le party est bientôt fini. Parce que nos parents vieillissent et que nous serons seuls.

Seuls à en prendre soin. Seuls à payer parfois, même s'il est si incorrect d'en parler. Seuls à gérer surtout, les déplacements, les déménagements, les complications, la maladie, etc. Je ne dis pas que je ne ferai pas tout cela de bon cœur (même si je suis une enfant unique égocentrique!), mais je constate que je suis seule et je ne me rappelle pas qu'on m'ait jamais prédit ça. Seule devant la perte aussi, puisqu'il semble qu'un jour ils partiront.

J'ai repensé à tout ce que la télé disait de moi quand j'étais enfant. Que je ne saurais pas partager, que je ne penserais qu'à moi, que je n'aurais jamais appris à vivre avec les autres, que je ne serais pas autonome, que je ferais chier tout le monde avec mes exigences... Toutes ces généralisations, psycho-pop avant l'heure, m'avaient convaincue que «les choses étaient tellement mieux avant» (dans le temps des grandes familles qui formaient des individus généreux). Avec le recul, je réalise qu'un enfant roi, c'est surtout un enfant seul. Un enfant qui a sans doute reçu beaucoup, mais qui un jour, devant des «sujets» vieillissants, constatera qu'il est bien peu entouré.

Le mépris comme instrument de civilisation

> *En effet, les élèves arrivent à votre cours gonflés à bloc, indubitablement sûrs d'eux, emprisonnés dans leur individualisme irascible, indélogeables de leurs médias sociaux et ostentatoirement accrochés à leur image. Ils sont irresponsables, mal convenus et arrogants. Ce qui compte : le boulot, la voiture et les vêtements. L'iPhone. Bien sûr, tout cela ressemble à un ramassis de préjugés, mais vous êtes étonné de constater chaque jour dans votre salle de classe que c'est en fait une grande part de la réalité.*
>
> Ian Murchison,
> enseignant de français au niveau collégial[1]

Difficile de réagir à ce texte, virulente critique de la génération à laquelle cet enseignant fait face, sans remettre en question l'expérience personnelle d'un éducateur, mais je ne peux que me sentir interpellée. Il est vrai que j'ai enseigné à l'université, un contexte différent du cégep. Je me permets tout de même de faire le parallèle puisque plusieurs de mes collègues

---

1. Ian Murchison, « Les nouveaux demi-civilisés », *Le Devoir*, 6 juin 2011.

tenaient le même discours. (Discours qui n'a rien de neuf : Denise Bombardier tient le même, régulièrement, dans le journal.)

Comme enseignante, je n'ai pas eu des classes de tout repos. J'ai déjà donné un coup de poing mémorable sur mon bureau après avoir trouvé douze cas de plagiat dans des fiches de lecture. J'ai eu des étudiants qui lisaient le journal au lieu de m'écouter. Un qui a étudié le poker avec un manuel caché dans son cahier toute une session. Plusieurs qui négociaient pour obtenir de meilleures notes.

Dans son texte, Ian Murchison évoque les « 3 % d'élèves qui ont tout ce qu'il faut pour faire infiniment rougir les autres, cette minorité dont le talent, la motivation et les capacités scolaires sont exceptionnellement élevés ». J'aurais dit un peu plus dans mes classes, et un pourcentage semblable de plaies. Et au milieu… il y a le milieu, quoi ! La classe moyenne. Des élèves souvent agréables, mais pas tout le temps. Avec leurs forces, leurs lacunes et leurs préoccupations (rarement mon cours !).

Mais j'aimais enseigner parce que j'aimais ces humains devant moi. Je ne les ai jamais méprisés (comme groupe, puisque j'ai eu de très laides pensées face à certains cas lourds !). Et je crois qu'ils me le rendaient assez bien. Je ne pense pas non plus que mes cours étaient faciles : je ne les étouffais pas sous les lectures, mais je ne lésinais pas sur la qualité. Ma pédagogie a toujours été un peu ludique, mais jamais aux dépens de la pensée. La théorie est un jeu d'esprit, et c'est souvent ainsi que je leur ai présenté la chose. Ils m'ont suivie sur des chemins de travers. Certains ont trouvé ça inutile, d'autres m'en parlent encore.

Je n'étais pas parfaite, mais je crois qu'ils ont appris. Et certains d'entre eux ont compris le plus important: dans l'acte de penser, il y a une force, une liberté.

Plusieurs jeunes enseignants espèrent leurs classes à leur image. Ils s'imaginent qu'ils auront quarante élèves qui leur ressemblent, avec qui faire avancer la pensée. Mais par nature, un enseignant de cégep ou d'université est souvent issu de ce 3 % ou 5 % d'élèves particulièrement doués. Est-ce que le cégep a tant changé?

Dans mon cégep, à la fin des années 1990, je me rappelle avoir eu des prises de bec épouvantables après le visionnement de *Crash* avec des jeunes de banlieue conformistes et éteints. Je me rappelle avoir été la seule à faire les lectures dans mon cours d'*Actualités internationales*. Je me rappelle d'une élève me disant: «Ah! Toi aussi, tu es obligée de lire *Le Devoir*...» Je me rappelle clairement que j'étais dans le peloton de tête, et pas juste en termes de résultats, surtout en termes de curiosité.

En fait, je n'ai même pas besoin de me le rappeler... Je m'entoure surtout de gens dévorés par le désir de culture, d'actualité, de mots, de connaissance. Et parfois j'ai une violente prise de conscience : combien sommes-nous ? 3 %, 5 % peut-être. Quand j'écoute les gens parler derrière moi au cinéma ; quand je surprends leurs conversations dans les restos, dans le métro ; ils parlent de quoi ? De leurs derniers achats, de leurs histoires d'amour, du match de hockey, d'émissions de télé. Regardez les palmarès de ventes de n'importe quel bien culturel, vous ne trouverez rien qui ressemble de près ou de loin au livre *Les Demi-civilisés* que Ian Murchison évoquait dans sa lettre ouverte, encore moins à une analyse de l'œuvre.

Je ne dis pas que tout est rose, mais comment blâmer une génération en oubliant d'où elle vient ? Bien sûr qu'on rêverait de faire mieux, mais rien ne me porte à croire qu'on fait pire. Les enfants qu'on décrie tout le temps ont des parents... Je n'ai jamais entendu parler de hordes de baby-boomers qui bénissaient la vie les matins de philosophie grecque et je pense que plusieurs d'entre eux sont surtout allés à l'école parce qu'il le fallait bien.

Notre rêve d'éducation démocratique est un demi-échec ? Je n'ai pas de solution miracle, mais je doute que le mépris puisse faire partie de la solution.

Le journalisme culturel
à l'ère du web 2.0: l'avenir des pros

On accorde de plus en plus de crédibilité aux blogues culturels, il faudrait être aveugle pour ne pas le constater. Qu'est-ce que ce nouveau constat change pour la critique professionnelle? En quoi celle-ci se distingue-t-elle de ce qui est écrit sur Internet par des «amateurs»?

Malheureusement, quand on pose la question aux journalistes, les arguments ne convainquent pas toujours. Qu'ils mentionnent la crédibilité de l'institution de presse pour laquelle ils travaillent, leur connaissance de la Loi sur la presse ou leurs diplômes, j'ai toujours le sentiment qu'ils tentent de nous convaincre que c'est leur curriculum qui nous promet de la qualité qui serait absente des blogues.

Notons d'abord qu'il faut éviter de confondre le blogue avec tous les sites web participatifs où chacun peut laisser facilement son opinion et sa cote étoilée. Le blogue est continu, demande généralement un investissement plus grand et l'anonymat complet s'y fait plus rare. Deuxièmement, la force du blogue est que la crédibilité, le blogueur la construit lui-même. Pour ce qui est des contraventions à la Loi sur la presse et des dangers de diffamation, bien que réels, il s'agit d'enjeux moins préoccupants en critique culturelle que dans le domaine sociopolitique. Finalement, je ne crois pas nécessaire de m'attarder sur les diplômes (ni sur ceux de certains blogueurs, ni sur ceux de certains journalistes).

Pour parler plus spécifiquement de critique culturelle, certains blogueurs poursuivent des démarches très sérieuses. Je serais même prête à affirmer que certains de ces « amateurs », les plus talentueux, deviendront professionnels un jour ou l'autre. Or, à quelques exceptions près, il est vrai que la plupart des blogues culturels se maintiennent dans le commentaire appréciatif et le résumé (de lecture, de films, de spectacles, etc.). Par manque de temps ou de perspective, les blogueurs ne sont généralement pas les mieux placés pour pousser l'analyse un cran plus loin.

Dans le merveilleux *Comment parler des livres que l'on n'a pas lus ?*, Pierre Bayard écrit que la culture n'est pas l'amoncellement de connaissances, mais la capacité de faire des liens entre celles-ci. Cet exercice demande temps et énergie, des denrées rares dans les médias traditionnels, mais encore plus chez les amateurs. Il semble donc probable que ce soit sur ce terrain que le journalisme culturel puisse assurer sa pertinence.

Pourtant, dans la plupart des cas, l'espace critique rétrécit et les entrevues avec les créateurs reprennent les mêmes tirades promotionnelles d'un média à l'autre. Souvent, on parle des mêmes deux ou trois productions partout. Les angles originaux sont rares et, lorsque j'en trouve, mon enthousiasme débordant me fait passer pour une carencée...

Je ne crois pas que, dans la plupart des cas, les compétences des individus soient en cause, sauf qu'il m'apparaît que si les médias traditionnels veulent concurrencer le web participatif en matière de critique culturelle, ce n'est pas en affichant le pedigree de leurs journalistes qu'ils y arriveront, mais en offrant un contenu qui se démarque.

Comment peut-il se démarquer? Peut-être en réservant un espace conséquent et une liberté certaine aux critiques pour leur permettre de faire entendre leur voix. Le culte de la personnalité est sans doute un danger, mais en critique culturelle, la couleur d'un journaliste fait toute la différence. Pour que la magie opère, il faut que le professionnel ait une liberté de choix, du temps pour fouiller, pour aller plus loin, pour proposer dossiers et angles. Il faudrait aussi, évidemment, que créateurs et gens du milieu acceptent de «jouer» avec les journalistes hors de la zone promotionnelle.

Chose certaine, le web participatif est en constante mutation, mais il est là pour rester (avec son pire et son meilleur). Le seul pari des pros, c'est d'offrir plus et mieux que les meilleurs des amateurs. Qui sera prêt à leur donner les moyens et la marge de manœuvre dont ils auront besoin pour le faire?

La labeaumisation de la critique

«Le rôle de la critique, c'est d'influencer le public.»
Je ne sais pas si mon interlocuteur pesait ses mots
quand il m'a lancé ça, mais il n'en fallait pas plus pour
me faire décoller. La question était lancée : quel est le
rôle de la critique ?

La réponse est complexe, mais je ne pourrai
jamais admettre que la critique n'ait qu'un rôle d'influence sur le public. Si c'est de plus en plus le cas, il
ne tient qu'à nous de nous y opposer. D'ailleurs, plusieurs critiques prennent position contre le système
d'évaluation par étoiles, qui est le symbole ultime de
la critique utilitaire. J'y reviendrai.

À mon sens, la critique doit d'abord être un trait
d'union. Dans un monde idéal, elle devrait situer
l'œuvre, expliquer son contexte, la rendre plus acces-
sible. Pour que ce soit possible, évidemment, il faut
sortir du modèle «résumé de l'histoire, points forts,
points faibles». Il faut donc que le critique ait une certaine compétence, un bagage culturel conséquent… et
un minimum d'espace. Deux ou trois cents mots, ça
fait court pour se livrer à une analyse comparative !

Je crois aussi que la critique est un instrument
de dialogue, avec le public, mais aussi avec les créateurs. La conversation évoquée au début de ce texte
partait de cela : mon interlocuteur estimait qu'aucun

créateur ne se préoccupe de la critique. Pour en côtoyer quelques-uns, je ne pense pas que ce soit vrai et j'estime que ce serait très triste s'il en était ainsi.

Les critiques sont un public, mais un peu plus informé, spécialisé et cultivé que la moyenne (ne serait-ce que parce qu'ils consomment beaucoup plus de culture que la moyenne... du moins on l'espère). Se faisant, il serait dommage pour les créateurs de faire complètement abstraction de leur point de vue. Il faut avoir la panse vraiment pleine pour se priver d'une telle richesse : un regard professionnel, informé, passionné et analytique.

Voilà, le mot est lancé : pour moi, le premier rôle de la critique devrait être au plan analytique. C'est parce qu'elle tente une analyse de l'œuvre que la critique finit par l'évaluer. Son rôle est ni de se substituer, par empathie, au créateur pour vibrer au même diapason, ni de se faire le porte-parole du « grand public ».

L'effet que la critique a sur les choix de consommation culturelle devrait être assez loin dans les préoccupations de ceux qui la pratiquent. Dire l'inverse, c'est donner raison à ceux qui souhaitent leur réserver une place de choix dans la chaîne industrielle de la culture. Ceux-là mêmes qui se font un plaisir de rapporter les bonnes étoiles quand elles se pointent, mais qui, au moindre couac, s'empressent de rappeler aux critiques qu'ils ne sauraient faire mieux que les artistes. C'est un peu comme si on disait à Vincent Marissal ou à Michel David de se présenter eux-mêmes aux élections s'ils savent si bien comment faire...

Voilà un argument absurde qu'on imaginerait bien défendu par Régis Labeaume qui reprochait aux journalistes de critiquer ses ambitions et d'être des rabat-joie. Le maire Labeaume rêve en effet de journalistes qui chanteraient les louanges de ses projets, comme les producteurs culturels semblent rêver de journalistes qui participeraient à leur effort promotionnel.

Je crains cette tendance qui s'appuie sur un certain populisme pour faire croire au public que les critiques sont « contre eux » puisqu'ils aiment souvent des œuvres moins plébiscitées par le vote populaire. Une tendance qui éloigne la critique de son rôle de moteur vers l'excellence et tente de la résumer à un relais utilitaire vers la consommation culturelle.

On pourrait appeler ça la « labeaumisation » de la critique.

Bye Bye les critiques

Vingt-quatre heures après le *Bye Bye*, ça m'énerve déjà! Pas les critiques, les gens qui veulent qu'on passe à autre chose. En plein paradoxe, ces chialeux contre ceux qui chialent ne réalisent pas qu'ils participent au bruit qui maintient le sujet en vie. Ainsi, la communauté Twitter était à bout le 3 janvier de constater qu'on parlait ENCORE du *Bye Bye*. Saviez-vous que le 1er et le 2, il n'y avait pas de journaux ou vous êtes vraiment déconnectés? Les critiques papier sortaient le 3, mais la communauté Twitter (environ 10% des Québécois) est convaincue que le sujet devrait être clos trois jours après l'événement...

Judith Lussier de *Urbania* fait partie de ceux qui pensent qu'on critique trop le *Bye Bye*. «Comme je trouve que les critiques du *Bye Bye* sont ingrats, cette année, j'ai décidé de leur attribuer une note[1].» Je trouve plutôt chouette qu'elle décide de critiquer les critiques, mais remarquons qu'elle ne note pas le travail critique, mais son niveau d'accord avec la critique. L'aspect surréaliste de cette chronique se résume en une phrase: «Un critique télé dont l'émission préférée est *Une heure sur terre* a autant de crédibilité à mes yeux qu'un

---

1. Judith Lussier, «Malade, le *Bye Bye*», *Urbania*, en ligne, 3 janvier 2012.

critique d'art qui capote sur Corno. » Ayoye! Que doit-on comprendre de cette comparaison bancale? Que *Une heure sur terre* est à la télévision ce que Corno est à la peinture? Plutôt que, selon la chroniqueuse, *Une heure sur terre* n'est pas l'essence de la télévision, que celle-ci est d'abord pur divertissement et que ne pas comprendre ça disqualifie quiconque comme critique télé. J'attends toujours la liste d'émissions qui prouvent qu'on a la compétence pour se prononcer...

On entend aussi souvent dire que, le *Bye Bye* n'étant qu'une émission de divertissement, faudrait arrêter de déchirer sa chemise à son propos. Qui a déchiré sa chemise? J'ai relu l'ensemble des critiques et il serait difficile de croire qu'il y a présentement une charge hystérique contre le *Bye Bye*. Dans *Le Devoir*, Stéphane Baillargeon[1] demande la fin du concept sur son ton habituel et Jean-François Lisée[2] insiste sur la vulgarité, mais il n'y a pas de charge généralisée.

Mon vase a débordé quand Anne-Marie Withenshaw a dit à *C'est juste de la TV*: « Le *Bye Bye*, ce n'est pas pour les critiques, c'est pour le peuple au complet. » C'est tellement énorme (surtout venant de

---

1. Stéphane Baillargeon, « L'adieu au *Bye Bye* », *Le Devoir*, 2 janvier 2012.
2. Jean-François Lisée, « Et si on disait *Bye-Bye* à la vulgarité », *L'actualité*, en ligne, 1er janvier 2012.

quelqu'un qui gagne sa vie en faisant de la critique télé!) que je vais lui donner le bénéfice du doute et tenir pour acquis que, dans le feu de l'action, elle n'a pas pris conscience du poids de ce qu'elle disait. Ces propos ont été repris avec enthousiasme sur le fil Twitter de l'émission : ce n'est pas une émission pour la critique! Histoire d'ajouter l'incohérence à l'absurde, quand Marc Cassivi a admis : « Nous on n'est pas comme le public en général, évidemment on regarde ça avec nos yeux critiques », certaines personnes l'ont trouvé condescendant. Suivez l'argument : le *Bye Bye* n'est pas une émission pour la critique (qui n'est donc pas comme le public en général), mais si un d'entre eux avoue qu'il a un œil différent, c'est qu'il se prend pour un autre. Des fois, mon semblable, ta cohérence me donne envie de me défenestrer sur-le-champ!

Tout se critique! À partir du moment où une proposition est mise sur la place publique, elle peut être débattue. Eh oui, certains professionnels regardent le *Bye Bye* avec un autre œil parce que leur boulot, c'est d'analyser comment une émission s'inscrit dans l'ensemble du paysage culturel. Ce *show* est énorme, coûte cher, rejoint un public immense : au nom de quoi la critique ne devrait-elle pas se pencher dessus? Parce que c'est du divertissement? Vu comme ça, on ne critiquera pas grand-chose. Parce que c'est une institution? Comme l'Église avant?

Je suggère pour l'année prochaine un boycottage général de tout commentaire médiatique sur le *Bye Bye*. Silence radio. Bimp! J'ai hâte de voir ce beau public enfin ravi qu'on lui foute la paix et les créateurs enchantés que personne ne parle de leur émission.

Avec un peu de chance, certains y comprendraient le rôle incontournable que jouent les critiques dans l'écosystème artistique québécois et nous pourrions nous remettre à discuter de ce qu'ils disent au lieu de remettre leurs compétences en question chaque fois qu'ils ne sont pas d'accord avec nous.

Étoiles et palmarès : simplification du réel

> *« Combien d'étoiles, papa ? » La question me désespère toujours un peu, tellement je mène un combat pour que la critique de film ne se réduise jamais à une note. Eux, au contraire, ont d'ordinaire leurs étoiles toutes prêtes.*
> Marc Cassivi[1]

Bien qu'ils n'aient pas tous un père dont le métier est de jongler avec des étoiles, j'ai souvent pu constater l'importance que les enfants accordent à ce type d'évaluation. Enfants et adolescents ont un attachement semblable aux palmarès. À l'époque, je n'aimais rien de plus que les palmarès de chansons. Ça me permettait de réentendre toutes mes chansons préférées, qui jouaient déjà tout le temps, de valider mes goûts (formatés par la radio commerciale qui faisait le classement, mais ça je n'y comprenais rien encore !) et, finalement, de faire mon propre exercice et de contester un palmarès qui me semblait souvent injuste.

On pourrait d'ailleurs faire un parallèle avec tout ce qui relève des concours et des éliminatoires qui ont

---

1. Marc Cassivi, « Tintin en Amérique », *La Presse*, 11 décembre 2011.

aussi la cote chez les jeunes. Leur grand intérêt pour les télé-réalités et éliminations devant jurys nous le démontre régulièrement. Ce n'est pas très surprenant. Tous ces processus visent à simplifier et à formater l'évaluation de la qualité, à rentrer le réel (immensément complexe) dans de petites cases. Pour les enfants, c'est un support pour appréhender la difficile tâche de l'évaluation.

Ce qui est plus étonnant, c'est l'attachement qu'ont aussi les adultes pour ces formes de compréhension simplifiée du réel. Par exemple, plusieurs commentateurs avaient prédit que l'émission *Ils dansent* (diffusée à la télévision de Radio-Canada à l'automne 2011) aurait peu d'intérêt à moins d'adopter un modèle éliminatoire. Mais pourquoi? Quel est donc notre besoin de classifier la qualité ainsi, de la faire entrer dans des chiffres, des listes, des palmarès ou une dichotomie gagnants/perdants?

Je connais peu de critiques qui aiment les étoiles, pourtant la grande majorité s'en accommode comme d'un incontournable. Rares sont les publications qui y résistent encore et les lecteurs y tiennent. Si les critiques se plient à l'exercice par obligation et souvent à reculons, les lecteurs y trouvent tout à fait leur compte. Il m'intéresserait d'ailleurs de savoir combien de lecteurs consultent uniquement la cote sans lire le texte. Mais peut-être cette donnée serait-elle trop déprimante...

Le travail critique ne peut jamais se résumer à une classification utile. Il tente de rendre compte d'une réalité plus complexe. Les niveaux de lecture sont multiples : innovation créative, réalisation technique, authenticité de l'interprétation, inscription de l'œuvre dans un ensemble, etc. Comment est-il possible de résumer tout cela en quelques étoiles ? Déjà qu'en 250 ou 500 mots, le défi est immense !

Les palmarès ont une fonction semblable en ce qu'ils tentent de rendre compte d'un milieu et de ses tendances en un regard. De la même façon, les éliminations dans les émissions s'appuient généralement sur l'avis de jurys et des notes et visent à départager le bon grain de l'ivraie souvent de façon très partielle, succincte et dans l'urgence.

Il est normal qu'on se dote d'outils pour appréhender le réel qui est, en toute chose, trop complexe pour qu'on l'embrasse en entier. Chaque concept que nous utilisons est une façon d'y arriver, mais nos efforts pour comprendre le réel ne devraient pas nous excuser de le simplifier à outrance.

Les étoiles peuvent nous faciliter la vie, mais elles peuvent être exceptionnellement réductrices et tendent à résumer le travail critique à un conseil de consommation. Elles ne sont pas un mal en soi (pas plus que les palmarès), ne serait-ce que parce que les enfants s'y intéressent et que leur simplicité graphique permet d'attirer le regard sur les affaires culturelles. Ce qui est plus inquiétant c'est que nous, adultes, avons tendance à nous en satisfaire et à les présenter comme une finalité. J'entends rarement qui que ce soit me parler d'une critique; on se réfère pourtant souvent au nombre d'étoiles que tel journaliste à donner à ceci ou à cela. Parfois, ça semble nous arranger de penser que bien des choses se résument en quelques étoiles ou à un « top 10 » de fin d'année.

Ces outils ne devraient jamais être un passe-droit pour négliger l'analyse qui les sous-tend. Derrière chaque étoile, même celles données par des enfants, il devrait y avoir un « Pourquoi ? ». C'est lui qui est important.

Les médias ne portent pas toujours conseil

> *Mais la madamisation des médias peut être entendue dans un autre sens. Il s'agit alors d'une perspective faisant envisager tous les problèmes du monde à partir du point de vue d'une certaine madame choyée, hors du foyer, la bourgeoise friquée et culturobranchouillée.*
> Stéphane Baillargeon[1]

Stéphane Baillargeon, chroniqueur au *Devoir*, a lancé une bombe parmi les communicateurs en soulevant la question de ce qu'il a appelé la « madamisation des médias ». Il m'arrive régulièrement d'être en désaccord avec ce chroniqueur, mais je dois bien admettre que je suis avec lui sur ce coup.

Certes, il aurait pu y penser deux fois pour la forme et le ton. L'image de la madamisation frappe fort, mais occulte le débat de fond. Un ressac était à prévoir. L'erreur de Baillargeon, c'est d'avoir insisté sur un vocabulaire qui semble nous pousser dans un débat de genre. Ce n'est pas ce qu'il voulait, sans doute, et on peut déplorer que plusieurs commentateurs

---

1. Stéphane Baillargeon, « La madamisation », *Le Devoir*, 21 mars 2011.

soient restés accrochés sur cet aspect, accusant soudain Baillargeon de misogynie. Heureusement, Chantal Guy de *La Presse* aura pris le temps d'y réfléchir et réussira, dans une chronique subséquente, à replacer le débat où il aurait dû avoir lieu, c'est-à-dire dans les choix de programmation. «Ce n'est pas elle [la femme] qui dicte les programmations, mais ceux qui ont une idée bien réductrice de ce qu'elle est. Elle n'aura jamais le pouvoir, mais elle a tous les attributs pour être le bouc émissaire. Si on a vraiment des couilles, il faut attaquer ceux qui se cachent sous sa jupe...[1]»

L'autre erreur de Stéphane Baillargeon, c'est peut-être d'avoir voulu chasser trop de canards en même temps. D'une part, il y a l'aspect petit-bourgeois du professionnel des médias qui ne semble pas conscient de sa position sociale (et qui ne concerne pas que les femmes). Il y a ce ton qu'il évoque, ce ton insupportable où toute information est passée à travers le filtre du *trendy* comme si c'était aussi excitant de discuter des bombardements en Libye que d'un choix éclairé de tournevis pour vos menus travaux. Et il y a le règne du conseil.

---

1. Chantal Guy, « Anatomie d'une polémique », *La Presse*, 4 avril 2011.

Moi, la bouffe, ça ne me fait pas un pli! Je ne dis pas que ce n'est pas important et que ça ne devrait intéresser personne. J'invite juste les gens à s'imaginer trente secondes l'enfer médiatique de quelqu'un qui est 0% *foodie*. Ça me rappelle l'horreur des repas de famille où, pendant qu'on se gavait, tout le monde parlait... de bouffe. La dernière recette de ceci, la dernière diète pour cela, mon chaudron machin-truc. Ça me levait le cœur de manger autant en évoquant plus de bouffe encore. Je. M'en. Balance.

De ça et de bien d'autres considérations qui m'apparaissent triviales. Je suis une cérébrale. Quand je branche mes oreilles sur une source d'information, quand je m'assois pour lire, je veux qu'on me touche, je veux qu'on m'informe, je veux qu'on me fasse réfléchir, je veux qu'on me divertisse... Mais jamais, JAMAIS, JAMAIS, je ne veux qu'on me conseille (même s'il est vrai que j'en aurais bien besoin!). Je ne consulte pas les médias pour être conseillée. Je consulte des gens quand je veux des conseils.

Je ne consulte même pas les critiques pour qu'ils me conseillent sur ma consommation culturelle. Je les consulte pour qu'ils m'informent (et accessoirement, parfois, pour qu'ils me fassent rire un bon coup!) sur ce qui se trame dans l'art d'ici.

La télé, la radio, les journaux, ils exultent sous le conseil. On nous parle partout de vie pratique. Ça ne me repose pas d'entendre parler de vie pratique, ça m'ennuie. Au coton. Et, comme je l'ai déjà dit, les gens trouvent peut-être ça inutile les analyses, la philosophie, les discussions intellectuelles, mais, pour ma part, faire venir trois spécialistes pour parler pendant vingt minutes de bûches écologiques (telle une table ronde à *L'après-midi porte conseil*), je considère que c'est plutôt élevé dans l'échelle de l'inutilité.

On nous dira qu'il y a un public pour ça. Certes, certes. Il y a un public pour tout. Mais il y a aussi un public qui ne veut pas de ça. Alors il fait quoi ?

Je suis en colère soudain. Je ne l'étais pas et tout à coup, je le suis parce que les gens vont accrocher sur le terme «madamisation» pour dire que Baillargeon est dur avec les femmes. Pendant ce temps, TVA lance une chaîne qui s'appelle *Mlle* et qui s'adresse «aux femmes avides de style, de beauté et de mieux-être». Il paraît que la nouvelle femme libérée, ça la fait sourire quand on l'appelle mademoiselle. Pendant ce temps, aussi, sur un site comme Branchez-vous, la section femme est rose et nous parle de Stars et de Tendances avec une écriture cursive tellement «féminine». Et personne ne dit rien. Silence radio. La misogynie, elle serait au *Devoir*...

Comprenons-nous bien, je ne veux pas faire un autodafé avec les magazines «féminins». Faut de tout pour faire un monde. Mais mon monde à moi, il est rendu où ? Mon monde à moi, à part à Désautels et à Télé-Québec, admettons, il est rendu où ?

Dites-le que je suis méprisante avec un paquet de gens qui, eux, se reconnaissent dans tout ça. Dites-le.

Ils me le rendent si bien après tout ! Et de plus en plus à chaque dévoilement d'une nouvelle grille de programmation.

L'été à l'année

Aurons-nous le courage d'être banals ?
Jacques Brault

Je n'ai jamais compris ces notions de lectures d'été, de films d'été, d'émissions d'été... Il faut dire que je ne suis pas une fille d'été, justement. Que les vacances (quand j'étais enfant) n'étaient pas une libération parce que je préférais l'école à la solitude de la maison. Faut aussi dire que je suis peu influencée par l'environnement extérieur et la météo, étant bien trop profondément ensevelie dans ma tête (quatre saisons par année).

Cela étant dit, je sais exactement ce qu'on associe à l'été : le flirt, le droit à plus de légèreté, le plaisir, plus de temps pour les amis, etc. Je sais aussi, pour l'entendre souvent, que plusieurs rêveraient que ce soit l'été à l'année et je constate qu'on fait de gros efforts dans nos médias (et à notre radio d'État) pour y arriver.

La Première Chaîne de Radio-Canada travaille activement à renouveler sa grille de programmation depuis quelques années. Bien que j'aime plusieurs de ces émissions que j'écoute avec grand plaisir, je ne peux m'empêcher de constater qu'elles ont une grande similitude dans leur ton : elles sont sur le party ! Partout, on entend des jingles qui *swingent* et des titres de chroniques hop-la-vie. Presque tous les sujets appellent un ton *lounge*.

La radio française nous offre pourtant des contre-exemples. Régulièrement, à *La Librairie francophone*, on vit des moments émouvants. Alain Veinstein, l'animateur de *Du jour au lendemain* sur France Culture, est moins ouvertement émotif, mais il mène des entrevues très intimistes avec les écrivains, trente minutes par jour. Pas de flafla, pas de questionnaire rigolo, pas de gadget. On parle d'un livre. Point.

L'intimité est sans doute une partie de la clé. À notre radio, on favorise de plus en plus les formules avec invités nombreux et interactions croisées. De là, en partie, cette impression d'un souper bien arrosé. On aime la musique en direct, la performance, que de belles et bonnes choses, mais qui contribuent sans doute à ce sentiment d'uniformité estivale.

À moins que ce soit notre définition d'une radio plus jeune? Avec de beaux fous rires, de bonnes idées, de bons moments entre amis, mais pas beaucoup de plongées intérieures. Pourtant, si un média se prête à ça, c'est bien la radio.

Je rêve de longues entrevues, de moments d'intimité qui donnent le temps au temps. Je rêve qu'une des émissions de *Plus on est de fous, plus on lit* soit consacrée à un tête-à-tête avec un auteur, sans distraction. Je rêve d'une radio qui se prendrait juste assez au sérieux pour réduire un peu le rythme et devenir, un moment, contemplative.

Je rêve d'une radio qui me parlerait à l'oreille. Une radio réconfort.

Une radio d'hiver qui tue la morosité en la regardant dans les yeux plutôt que d'essayer, en vain, de la contourner.

La vaccination des mélancoliques

*Mon analyste m'a dit que, dans les situations
catastrophiques, les mélancoliques gardaient
plus la tête sur les épaules que les gens ordinaires,
en partie parce qu'ils peuvent dire : « Qu'est-ce
que je t'avais dit ? » Mais aussi parce qu'ils
n'ont rien à perdre.*
Lars Von Trier

Quand j'ai lu cette citation de Lars Von Trier, j'ai eu
le pressentiment d'une réponse à ce qui me préoccupe depuis quelques mois : tout le monde parle de la
morosité ambiante et je ne la sens pas !

Évidemment, je constate le béton qui s'effrite,
j'entends les nouvelles de corruption, je suis effrayée
par les orientations du gouvernement fédéral. Mais
ma société serait morose ? En la comparant à quoi ?
À quand ? Plus que d'habitude ? Il ne me semble pas.
Il est vrai que je ne suis pas une nostalgique et je n'ai
pas tellement confiance en notre capacité à poser un
regard serein (à défaut d'être objectif) sur le passé.

L'une des explications se trouve sans doute dans
ma formation. On dirait que les études en science
politique m'ont vaccinée contre les surprises du
monde. Les dynamiques de puissance et de violence,
si elles m'interpellent encore, n'ont plus sur moi une

emprise qui pourrait affecter mon moral. Elles ne me surprennent plus.

Mais je pense que c'est surtout une question de tempérament et c'est là que la citation de Lars Von Trier est si lumineuse. Personnellement, je n'aurais pas dit les choses ainsi, le cinéaste étant sans doute plus nihiliste que je ne le suis...

Mais comme lui, je suis une personne lourde, un être des profondeurs. Ce qui m'intéresse se passe dans le temps long, dans l'espace vaste et, surtout, bien profond. J'associe plusieurs de nos préoccupations actuelles à un brassage des eaux de surface. On s'agite, on s'étonne de vivre dans un monde dont plusieurs coins pourrissent, comme s'ils s'étaient mis à se décomposer depuis cinq ou dix ans seulement.

Malgré la pourriture, je n'ai pas cette impression que, dans l'absolu, le monde, ou notre pays, régresse. Je ne suis pas satisfaite pour autant, mais dans plusieurs dossiers, il est indéniable que sur cinquante ou cent ans, nous avons fait des progrès.

Les gens veulent que ça bouge! Et à la vitesse à laquelle ils s'emballent, il n'est pas étonnant de les entendre ensuite crier à la morosité. On m'a traitée de cynique au lendemain de la victoire d'Obama, comme on l'avait fait à la suite du printemps arabe. Je ne suis pas cynique, mais l'ampleur de vos poussées d'allégresse annonce des putains de gueules de bois. Criez victoire un peu moins vite, et vous crieriez peut-être au désespoir un peu moins souvent.

Si vous attendez du monde des révolutions spontanées qui ont la fulgurance d'un orgasme réussi, il n'est pas étonnant que vous restiez souvent sur votre faim. Personnellement, les changements que j'espère ne peuvent pas se faire en vitesse, ce sont des changements de mentalité. Quand ça va trop vite, tout indique qu'il manque de racines.

Chaque semaine, je me penche sur les douleurs, les morsures, les fêlures du monde. Chaque semaine, j'ai des frissons ou une nausée en lisant les journaux. Mais pas plus en ce moment qu'avant. Les problèmes changent, mais je n'ai pas le sentiment qu'ils se multiplient. Peut-être parce que, chaque semaine, je suis aussi confrontée à la beauté, à la grandeur d'âme, à la solidarité.

Je ne trouve pas ma société plus morose qu'avant. Mais elle change sans doute moins vite que les prismes qu'on utilise pour l'analyser. La morosité n'est pas un fait objectif, elle relève de l'état d'âme, alors si les gens en parlent, elle semble devenir incontournable.

«De quoi le Québec a-t-il besoin?» nous demandent Marie-France Bazzo et ses acolytes. Qu'on arrête de s'imaginer que c'est à coup de désodorisant qu'on va régler ce qui pue dans le monde. C'est en regardant ce que le monde a de pourri en face, au quotidien, qu'on évite de trop souffrir quand la rumeur commence à se préoccuper de l'odeur, le jour où il devient enfin évident qu'il faudra se mettre les mains dedans pour que ça cesse.

Initiations: relent tribal

C'était à la toute fin d'une émission de *Tout le monde en parle*. Marie-Claude Savard a raconté que lors de l'une de ses premières affectations comme journaliste avec les Alouettes, les joueurs l'ont « initiée ». La journée étant pluvieuse, ils ont entraîné les journalistes dans les vestiaires pour les entrevues. Quand Mme Savard est arrivée, tous les joueurs avaient une serviette autour de la taille qu'ils ont retirée au même moment. (Ici, il faut rire, c'est un gag.)

Je me suis sentie bien seule pendant quelques minutes à ne pas trouver ça drôle.

Faut dire que je hais les initiations. Elles dégagent un relent tribal qui m'exaspère. Elles sont une belle preuve de l'âge mental décadent de l'humain lorsqu'il se regroupe. Même les initiations dont on dit qu'elles ne sont pas humiliantes ont leurs rituels (à commencer par boire jusqu'à se vomir le foie) et sont toujours organisées sur un mode un peu débile, compétitif, agressif. Sous prétexte ludique, elles sont calquées sur la dichotomie banale du « avec nous ou contre nous ». Elles sont une reproduction artificielle de la loi de la jungle. Je me demande à quel besoin ce type de rites peut bien répondre.

Je hais les initiations parce qu'en plus d'être à un degré zéro de réflexion, elles ont toutes le même objectif : prouver jusqu'où tu es prêt à aller, dans ta propre aliénation, pour obtenir l'acception du groupe. En soi, ça me paraît un principe arriéré.

Mais revenons à Marie-Claude Savard.

Plusieurs personnes ont souligné qu'elle doit en voir plein des joueurs nus dans les vestiaires. Sérieusement, vous ne voyez pas la différence entre voir un (ou plusieurs) joueur nu qui se dirige vers une douche dans un vestiaire et un (ou plusieurs) joueur qui t'attend pour se dénuder ?

On me dira aussi qu'elle l'a trouvée drôle. Est-ce vrai ? Je n'en sais rien. Elle en rit aujourd'hui. Mais peu importe puisque ce n'est pas elle que je défends, mais un principe.

Première question : Admettons qu'elle aurait mal réagi. Peu importe sa raison (précédente agression, fragilité émotive du moment, valeurs différentes, etc.), si elle sort du vestiaire fâchée, qu'est-ce qui se passe ? On a peur qu'elle parle, ça, c'est sûr ! (Ah, tiens ! Y aurait-il quelque chose d'un peu gênant dans l'histoire ?) On considère qu'elle a « échoué » son initiation ? Tout le monde est mal à l'aise et on s'enfonce là-dedans ? Et si elle ne l'avait pas trouvée drôle, est-ce que vous auriez ri quand même ?

Deuxième question : Prenons la même scène, mais dans une équipe collégiale avec une étudiante en journalisme. La trouvez-vous aussi drôle ? Ou la même scène dans un labo, dans un domaine où il n'y a que des hommes. La nouvelle stagiaire arrive, ils sont nus sous leur sarrau, ils se déshabillent. La trouvez-vous aussi drôle? Alors, est-ce qu'elle est drôle juste parce que c'est une équipe de sport professionnel? De la même façon qu'on accepte cette fameuse violence parce qu'elle fait partie du jeu?

Troisième question: C'était quoi l'intention? Faire une blague, je sais! Mais encore? On n'aurait pas fait la même blague à un journaliste homme, non? (En fait, je pense que je préfère ne pas savoir ce qu'on leur fait passer comme initiation, aux hommes.) Donc? On voulait qu'elle prouve qu'elle pouvait soutenir la vue de dizaines de footballeurs à poil pour être *one of the boys*? On voulait la taquiner un peu? Lui rappeler qu'elle est une femme, petite, dans un monde d'hommes, grands? On voulait se moquer gentiment de son malaise?

J'ai beau tourner cette dernière question dans tous les sens, je ne trouve aucune intention pour justifier une telle blague qui ne soit pas un prétexte de Cro-Magnon. Tout nous ramène à l'idée d'un processus tribal qui s'apparente à un rite de passage. Un rite de passage qui assoit la suprématie du groupe, qui différencie les genres et qui s'appuie, pour se faire, sur la nudité. Dans quelles circonstances est-on prêt, aujourd'hui, à accepter ce genre de phénomènes?

Marie-Claude Savard ne se faisait pas initier par un club privé quelconque, elle se faisait initier dans sa nouvelle affectation de travail.

Ce sera ma dernière question: Depuis quand tolère-t-on des initiations à caractère même vaguement sexuel en milieu de travail?

Intimidation: évitons le *freak show*

Une jeune fille s'est enlevé la vie quelque part en Gaspésie. Les médias sont en émoi. Le suicide, surtout celui d'une si jeune fille, vient toujours nous toucher dans notre plus profonde intimité. Pourtant, il semble que nous n'arrivons pas à prendre le recul nécessaire pour faire preuve d'un peu de perspective et de pudeur.

Mon premier malaise est venu devant tous ces gens qui se disent d'anciennes victimes d'intimidation. Je n'ai pas souvenir d'avoir été intimidée. Pourtant, j'ai eu mal, on a été méchant, on m'a dit des horreurs. À tous les âges. Même adulte... Je me rappelle un matin, je devais avoir quinze ans. J'avais brisé un verre de contact, je portais mes lunettes. En embarquant dans l'autobus scolaire, j'ai entendu quelqu'un dire: « Il lui manque juste des broches. » Tout ce qu'il y a de laideur dans ce « juste »...

Mais je n'ai jamais eu peur. J'avais déjà une certaine force de caractère, une certaine notion de justice, mais j'ajouterais qu'on n'a jamais tenté de me faire peur. On a été très méchant, mais je ne me rappelle pas qu'on m'ait jamais directement menacée. Et si quelqu'un a déjà rentré quelqu'un d'autre dans une case, c'est moi. Il s'appelait Marc-Antoine (je le salue!) et, comme les autres, il se moquait de moi.

Une jeune fille s'est suicidée dans un village gaspésien et tout le monde semble s'identifier à son drame. Pas moi. J'ai pourtant eu envie de mourir. Souvent. Il y a d'autres raisons de vouloir mourir que la peur. Mes raisons étaient métaphysiques avant même que je connaisse le mot.

Alors mon deuxième malaise monte quand je lis que la mère de la jeune fille estime que la seule raison de ce suicide est l'intimidation à l'école. J'ai beaucoup d'empathie, mais je pense malheureusement qu'elle n'en sait rien. Si j'avais mené mes plans à exécution à quinze ans, ma mère aurait sans doute dit aussi que c'était à cause de la méchanceté de mes camarades d'école. Et elle aurait eu tort.

Je n'ai pas de réponses, mais je sais que contrairement à la version de la mère, les amies estiment que la jeune fille n'allait pas bien à la maison non plus.

Et ça me rappelle comment je me sentais coupable adolescente. En plus d'être malheureuse, j'étais coupable de l'être sans raison. Il me semblait que pour être malheureuse il fallait avoir été violentée ou agressée sexuellement. Il fallait des raisons évidentes de malheur que je n'avais pas. Mon enfance, dont je connaissais pourtant l'histoire objectivement, ne m'apparaissait pas une raison suffisante. Et l'est-elle seulement ? Je ne sais pas. Aurais-je été différente avec des parents qui s'aiment, peut-être plus présents, une mère moins dépendante ? Je ne sais pas. Et je ne le saurai jamais.

J'ai été une enfant souvent triste, dramatique. Je me suis sentie rejetée et pourtant je ne l'étais pas tant que ça. J'avais des amis, mais j'en voulais plus. Une des adolescentes de Sainte-Anne-des-Monts a témoigné : « Elle voulait que tout le monde l'aime. » Certaines personnes vivent beaucoup mieux que d'autres avec l'amour sélectif des masses. Moi, ça me tuait. Littéralement. Parfois ça me tue encore.

Finalement, je veux juste dire qu'on sait si peu de choses de ce que cette jeune fille avait dans la tête, entre autres parce qu'elle le savait sans doute bien peu elle-même. Alors quand j'entends Laurent Paquin couper une psychologue à *24 heures en 60 minutes* pour dire que l'intimidation n'était pas la goutte qui a fait déborder le vase, mais le vase au complet, j'ai un malaise. Comme nous tous, il n'en sait rien.

Si cette histoire a convaincu les masses que nous devons tous travailler pour que l'intimidation cesse, tant mieux. Mais arrêtons de prononcer ce nom que j'ai évité d'écrire ici et laissons cette histoire se régler parmi les gens qu'elle concerne. Nous sommes en train de sombrer dans un *freak show* collectif et ça ne rend hommage à personne.

Les cours d'école ou autres considérations sur la vie jamais parfaite

Pour survivre dans la cour d'école, mieux vaut se fondre dans la masse. Le pouvoir appartient aux conformistes. Ceux-ci imposent leurs diktats. Il faut porter tels souliers, aimer tel sport, se coiffer de telle façon, écouter telle musique, se tenir avec telle gang, marcher de telle façon.
Steve Proulx[1]

En me levant ce matin, Guy A. Lepage a été le premier (magie des réseaux sociaux oblige) à attirer mon attention sur l'article de Steve Proulx. Touchée par cet article qui traite des cours d'école et des blessures qui ne guérissent jamais, j'étais pourtant troublée par l'identité du messager.

J'ai porté ce malaise quelques heures sans trop savoir quoi en faire. Qu'est-ce qui me troublait exactement ? Que Guy A. Lepage, qui a égratigné tout le bottin des artistes pendant des années, qui les égratigne encore parfois, s'étonne de la méchanceté des enfants ? Ou quelque chose de plus personnel…

Il y a quelques années, *Tout le monde en parle* a reçu les gars de RBO et ils sont revenus sur les qualificatifs

---

1. Steve Proulx, « La cour d'école », *Voir*, 8 juillet 2010.

qui leur collent encore à la peau: le petit, le maigre, le gros... Tiens, le gros. Insistons. Le gros qui n'était pas gros, soit... Mais puisqu'il était appelé le gros, voilà qu'il était poursuivi par les grosses admiratrices qui lui écrivaient des déclarations d'amour sur des pancartes. Ouch! Les grosses se sentaient le droit de...

Rires gras autour de la table. C'est sûr que se faire cruiser par une grosse...

Je suis née en 1979. Je vais vous laisser calculer quel âge j'avais à l'époque où RBO cartonnait. J'étais grosse. Ou en tout cas, on le disait. J'avais ce corps massif, un peu pataud, qui aurait bien convenu à un *tomboy*, mais moins à une rêveuse, poète, sérieuse...

Mon souvenir, c'est que RBO faisait aussi mal que la cour d'école, mais avec plus de cotes d'écoute. La cour d'école, ça aurait pu être circonstanciel; la télé, c'était le reflet de la vie.

Ce n'est pas un appel à la censure. J'étais une enfant sans humour, je ne comprenais rien à RBO, je ne savais pas rire de moi-même, je n'avais aucun sens du second degré... (Mais qui a vraiment un sens du second degré avant dix ans? Et y avait-il toujours un second degré? Il me semble, en tout cas, que le message de cette rencontre à *TLMEP* était clair: se faire draguer par une grosse, quand même, c'est la poisse...)

Je veux juste souligner que si les cours d'école sont ce qu'elles sont, c'est parce que la société est ce qu'elle est. Le problème avec les médias de masse, c'est que tout le monde les écoute. Celui qui a une surdose de violence qui couve en lui trouve les films qui lui parlent. La petite grosse se heurte aux propos des humoristes méchants. Et l'enfant méchant y trouve son école de «bons» gags. On ne fait pas des communications que pour les gens équilibrés, bien dans leur peau et sains d'esprit (pourvu que cela existe).

Je ne dis pas que RBO a gâché ma vie, ceci n'est pas une déclaration de guerre. D'abord ma vie n'est pas gâchée et puis, bon… c'est bien complexe tout ça. Mais les petits baveux de ma cour d'école, c'est Guy A. Lepage qui leur a appris à baver.

Steve Proulx a raison : avoir mal de qui on est, à six, sept ou huit ans… ça nous suit toute une vie. Si les gars (et la fille) de RBO ne sont pas personnellement responsables de cette douleur qu'il m'arrive encore d'enrouler dans les draps rouges et vides de mon grand lit *queen* de grande fille, les médias n'y sont pas pour rien. Et vu l'importance sociale qu'a l'humour au Québec, on ne peut pas toujours se draper dans l'excuse du second degré ou de la liberté créatrice.

D'ailleurs, j'ai appris le second degré avec l'âge et mon sens de l'humour s'est développé. Je sais rire de moi-même maintenant. Mais je ne ris jamais de mon apparence, et si je le fais, ne me croyez pas. C'est du toc. Cette cicatrice-là ne souffre aucune pique. Elle ne tolère même pas les caresses, alors…

Le rejet tranquille

Il y avait longtemps que je n'avais pas vu Nathalie Petrowski aussi enragée qu'après la pièce *20 novembre* de Lars Norén mise en scène par Brigitte Haentjens. À l'émission *Six dans la cité*, la critique semblait s'être sentie prise en otage par la mise en scène, mais surtout profondément heurtée par le texte qui présente le monologue d'un jeune homme qui s'apprête à aller faire feu dans une école.

Je pouvais difficilement commenter avant d'avoir vu la pièce, mais le propos me laissait dubitative. Mme Petrowski rejette violemment l'idée que la société puisse avoir une responsabilité dans les tueries collectives. Ces massacres n'auraient donc pas de fondements sociaux? Ces vingt ans que nous venons de passer à nous battre pour ne pas faire perdre de vue la couleur antiféministe du geste de Marc Lépine seraient un combat dangereux?

Quand j'étais au secondaire, dans ma classe de douance, constituée d'enfants qu'on disait brillants, il y avait un gars «rejet». Appelons-le Éric. Un jour, pendant qu'il était absent, l'enseignante titulaire, la direction et les intervenants ont voulu en parler. Ils souhaitaient qu'on leur explique ce qui se passait vraiment. Le groupe, solide comme un roc, s'est ligué derrière une belle démonstration de langue de bois : « On ne rit pas de lui, on rit avec lui. » Les adultes ont fait semblant d'être convaincus et ils se sont engagés à expliquer cette subtile nuance au pauvre Éric.

À partir de ce jour, les petits bourreaux ont eu beau jeu de faire sentir Éric coupable de ne pas apprécier leur humour si fin. Il a essayé de « rire avec eux ». Chacune de ses tentatives de faire partie du groupe devenait une nouvelle source de ridicule. Quelque temps plus tard, Éric changeait d'école.

Et moi ? Moi je ne riais jamais de lui, mais je ne le défendais pas non plus. Le jour du grand simulacre de thérapie collective, je n'ai rien dit. Pourtant, je savais bien que pour rire avec quelqu'un, habituellement, la condition c'est qu'il rie aussi. Genre. Je n'ai pas levé la main pour souligner que c'était n'importe quoi, que jamais, jamais personne ne riait avec lui. Je n'ai jamais eu l'âme d'une résistante. Et puis, pour être honnête, j'avais peur que, si ce n'était pas lui, ce puisse bien être moi. D'autant plus qu'il apparaît évident que ce n'est pas en tuant le consensus du moment que tu te fais des amis.

Plusieurs années plus tard, j'ai croisé Éric dans le métro. Il était devenu Érika. Elle m'a semblé épanouie. Elle le disait en tout cas. Elle m'a avoué avoir pensé au prénom Catherine pour sa vie de femme. Je voudrais dire que ça m'a touchée, mais je mentirais. Je me suis d'abord dit que je ne le méritais pas : être la moins méchante ne devrait jamais être synonyme d'être gentille. Il est plus difficile d'avouer que, même adulte, j'ai eu un mouvement de recul à l'idée que nous soyons associées de si près. C'est laid, pas vrai ?

Sommes-nous tous coupables du geste posé par le jeune Sébastian interprété par Christian Lapointe dans la pièce ? Non. Sommes-nous tous coupables d'une société qui, en plus de reproduire et d'institutionnaliser le rejet de la marginalité, se vautre dans d'hypocrites discours égalitaires ? Il me semble qu'on ne peut pas exclure cette hypothèse.

Contrairement à Mme Petrowski, je n'ai aucune difficulté à joindre ces deux bouts et à accepter cette mise au banc des accusés qu'impose, dans un malaise constant, la pièce de Lars Norén. *20 novembre* est le monologue tragique d'un enfant que la douleur et l'idéologie nihiliste ont transformé en bombe humaine. C'est un radical fait divers.

Bien sûr, la folie. Bien sûr, la maladie mentale. Mais la folie et la maladie mentale ne s'inscrivent pas hors de la société. Elles sont souvent la version amplifiée de malaises bénins, de petites douleurs qui, chez la majorité, créent des failles sensibles, mais endurables. La pointe d'un horrible iceberg. L'art est aussi cette parole qui nous invite à prendre notre souffle pour aller voir ce qui se cache sous l'eau.

À mon sens, la pièce nous pousse dans des retranchements moins lointains qu'il n'y paraît. Elle pose un néon blafard sur toutes les fois où nous acceptons passivement d'être l'instrument d'un rejet tranquille. Je tenterai d'y penser la prochaine fois que j'aurai le réflexe de changer de trottoir pour éviter un sans-abri.

Cantat: pas une histoire de droit

Le plus grand malaise de la pièce *20 novembre* telle que mise en scène par Brigitte Haentjens en 2011 arrive une fois que celle-ci s'achève. Comme toute la pièce se fait sous les néons, quand elle se termine, il n'y a aucune transition d'éclairages. Rien ne nous indique que le «spectacle est fini». Comment applaudir quand on vient de nous montrer la haine? Comment applaudir l'acteur, applaudir le spectacle, mais pas le propos, pas le geste mis en scène? La frontière est volontairement brouillée: si j'applaudis maintenant, est-ce que j'applaudis les artistes ou le personnage? Malaise...

J'ai beaucoup repensé à ce procédé pendant l'affaire Mouawad et Cantat. La question est décalée, mais finalement assez similaire: si j'applaudis l'œuvre, est-ce que j'applaudis l'homme? En ce sens, la comparaison avec Louis-Ferdinand Céline me semble un peu boiteuse. D'une part, Céline est mort. Ensuite, lire un livre, écouter un disque ce n'est pas se déplacer, en groupe, pour aller saluer le travail d'un artiste. Cette distinction qu'on fait entre l'œuvre et l'homme est beaucoup moins tranchée dans le spectacle vivant que dans le bien culturel de consommation individuelle.

Comme d'autres avant moi, je nous inviterais surtout à nous méfier de ceux qui relativisent le choix de

Wajdi Mouawad comme de ceux qui veulent lyncher le dramaturge. Ce choix de création n'est pas innocent et a des conséquences. Il mérite d'être analysé et peut-être contesté. Ce n'est pas faire preuve de moralisme que d'interroger un choix artistique et ce qu'il transporte avec lui de douleur. Certains ont accusé les féministes de mener le Québec à la censure. Pourtant, ce ne sont pas les féministes qui ont demandé qu'on coupe les subventions au TNM (à moins de considérer comme telles Gérard Deltell, le chef de l'ADQ, et quelques animateurs de radio-poubelle soudainement proféministes) ; elles ont demandé qu'on reconsidère le poids symbolique de cette décision.

Je nous inviterais surtout à sortir du discours du droit. À mon sens, cette question n'a rien à voir avec le droit. Cantat a le droit de vivre, il a le droit de créer, il a le droit de monter sur scène. Mouawad a le droit de l'inviter, le TNM a le droit de se payer ça pour son soixantième. Je refuse de discuter avec qui que ce soit qui remet en question une virgule de cela. Si c'est le cas, vous avez le pied sur une pente glissante qui nous ramène au débat sur la peine de mort.

La question, ici, est éthique et artistique. Symbolique même. Le geste que pose Wajdi Mouawad est un geste de pardon très fort qui met le doigt sur une blessure encore vive. Un geste de pardon qu'il pose pour lui-même, mais qu'il pose publiquement.

Quoi qu'on en dise, il demande au public de le suivre (public qui a le droit de refuser de le suivre !).

Cette proposition du dramaturge me met mal à l'aise. Je fais partie de celles qui auraient préféré que Cantat se fasse oublier. J'aurais préféré que notre enfant chéri de la dramaturgie ne me mette pas devant ce dilemme. Je me sens, dans ce geste, prise en otage. Je dois faire un choix et vivre dans l'extrême conscience des implications de ce choix. Si je vais voir la pièce, qu'est-ce que je pose comme geste ?

Il me semble que dans mes trois dernières phrases on retrouve tout de Wajdi Mouawad, ce qu'on aime ou non de lui : être dans l'extrême conscience des implications de ce choix. En l'espace de deux jours, le spectateur est redevenu citoyen. Ce n'est pas complètement vain...

Pour finir, je dois dire que je n'aurais pas endossé ce projet, parce que je pense que certains débats mal canalisés mènent au mauvais endroit. Par responsabilité intellectuelle, par crainte de donner des munitions, contre mon gré, à des gens qui n'en méritent pas, il m'arrive de me taire. J'entends les féministes s'élever contre un risque réel de banalisation de la violence. Pas tant par ceux qui auront invité Cantat, mais par ceux qui vont détourner ce geste. On les a entendus eux aussi, ceux qui nous rappellent qu'il y avait des circonstances atténuantes au geste que Cantat a posé (la drogue, la chicane, l'agressivité réciproque, etc.). Le fait que ce genre de discours ait encore sa place dans l'espace public nous montre bien que la banalisation nous guette.

Maintenant que la proposition théâtrale est faite, je crois que notre responsabilité est d'éviter que le débat s'attarde sur de fausses pistes. Simon Brault écrivait sur Twitter : « Wajdi nous renvoie à nos souffrances : il serait inquiétant que nous n'en prenions pas acte. » Je ne saurais mieux dire.

Tout le monde est dans son droit dans cette histoire (Cantat, Pintal, Mouawad et ceux qui refusent de les suivre), tentons de ne pas faire l'économie de nos devoirs. Le premier étant de tâcher de comprendre avec quelles valeurs et quelles souffrances nous entrons dans la discussion. Un devoir d'auto-analyse. Pour ma part, je me méfierai de tous ceux qui voudront nous faire croire qu'il y a là un faux débat.

La virilité en question

si en chemin je rencontre du feu, je brûle
sans me demander si ce brasier est homme ou
si cette flamme est femme
Louky Bersianik[1]

« La virilité est-elle en crise ? » demandait l'équipe de Bazzo.tv à ses invités à l'hiver 2012. J'ai eu envie de passer tout droit. Il faut dire que ça se terminait bien : on nous exhortait à sortir de la distinction masculin/féminin et on nous rappelait que la définition historique de la virilité repose sur des concepts idéologiques. Le problème c'est qu'en admettant d'emblée de discuter de la virilité comme si c'était un concept incontournable, cet échange aura fait exactement l'inverse, soit réitérer des généralités sur le féminin et le masculin.

Le concept de virilité ne peut être que comparatif puisqu'il cherche à définir l'essence de ce qu'est l'homme, le vrai. Cela implique de l'opposer à la femme puisque si les caractéristiques peuvent leur appartenir à tous les deux, elles sont « humaines » et non pas « viriles ». Or, le concept de virilité classique

---

1. Louky Bersianik, *Pique-nique sur l'Acropole*, Montréal, VLB, (1979) 1992.

(force physique, puissance sexuelle, contrôle des émotions, rationalité, etc.) étant considéré comme dépassé, on lui cherche une définition moderne. Mais les vieux fantômes reviennent au galop...

Dans cette volonté de redéfinition, le psychologue Marc Pistorio dira que la virilité, c'est d'accepter qu'on a une part de masculinité et de féminité... ajoutant dans le même souffle que c'est vrai des femmes aussi. Josée Blanchette insistera sur l'importance des valeurs morales dans la virilité. Elle ne dira pas si les valeurs morales doivent aussi faire partie de la palette de la féminité, mais j'oserais le supposer. Le charisme et la confiance sont souvent associés à la virilité. Mais qui se risquerait à affirmer qu'il s'agit en soi de traits masculins ?

Vrai que M. Pistorio dira que les garçons se tiraillent davantage et que les parents ne devraient pas s'en inquiéter. Faut-il s'inquiéter si nos filles se tiraillent ? On ne le saura pas. Marie-France Bazzo posera l'hypothèse que l'obsession sécuritaire autour des enfants aujourd'hui relèverait d'une féminisation excessive de la société, revenant à la charge avec l'idée que le féminin relève du doux, du foyer, du sensible, de l'empathie.

Je suis chaque fois estomaquée de réaliser jusqu'à quel point notre pensée est traversée, colonisée, encadrée par des idées fermes sur ce que sont le masculin et le féminin. Des idées que nous reproduisons souvent inconsciemment, sans doute parce qu'elles nous permettent d'organiser et d'appréhender le réel de façon simple et presque consensuelle. Ainsi, le féminin est doux, le masculin est agressif et le monde nous semble à peu près bien organisé.

C'est finalement de la bouche de Josée Blanchette que l'affirmation tombe : « l'homme est un chasseur ». Nous voilà revenus à la définition classique de la virilité. S'il y a un chasseur, c'est nécessairement qu'il y a une proie... Il est assez fascinant de voir les efforts que nous aurons mis à nous débarrasser du joug de la nature dans à peu près toutes nos activités (rapports politiques et juridiques, production économique, etc.) sauf dans nos rapports de genre. Dans ce domaine, toutes les occasions sont bonnes pour évoquer l'instinct.

Ce qui me pousse à soulever l'autre question qui me reste toujours prise dans la gorge en écoutant ces conversations sur la virilité. Toutes ces préoccupations recèlent un important potentiel homophobe, suis-je donc la seule à m'en apercevoir ? Quand on s'exclame sur le plateau de Bazzo qu'on crée des « moumounes » au Québec, vous m'excuserez de voir mon malaise s'amplifier. On discute sans gêne de ce qu'est l'homme, l'essence de l'homme, la fierté de l'homme, et on rapporte chacune de ces définitions à des préoccupations hétérocentrées et au rapport de séduction/différenciation que l'homme devrait entretenir avec la femme (en sachant, par exemple, l'inviter à danser).

Un homme est un homme. Il n'a rien à mettre en œuvre pour le prouver à part si on cherche à le faire correspondre à une idée socialement construite de la masculinité.

Nous décrions la naissance de « l'abominable homme rose » sans que je sache trop de quoi on parle. Y a-t-il aussi des femmes bleues ? Ce serait une bonne nouvelle alors. Nous aurions ouvert la palette des couleurs comme on a ouvert l'accès aux métiers. Le psychologue invité dira d'ailleurs que chacun doit trouver à exprimer qui il est. J'aurais plutôt dit que chacun a enfin la liberté de devenir qui il souhaite.

Personnellement, je pense que je suis une femme verte. Pour l'espoir.

L'espoir qu'on laisse les enfants naître garçon ou fille en leur donnant la liberté de devenir l'homme ou la femme qu'ils souhaitent et en cessant de toute urgence de leur prescrire la bonne façon d'être ce qu'ils sont.

Voir un homme pleurer

Même pour répandre des larmes rien de mieux que des couilles, parce que vos larmes à vous ont toujours l'exotisme des premières fois.[1]

J'ai beaucoup écrit ces dernières semaines sur ma façon de comprendre et d'aborder le féminisme. Mais je suis comme tout le monde, pleine de contradictions.

Rien ne m'émeut plus qu'un homme qui pleure. Au cinéma, à la télé, dans un livre... dans la vie, bien entendu. J'ai compris ça à douze ans. Dans ma classe de sixième année, il y avait un grand gaillard, Jean-François qu'il s'appelait. Un des seuls qui était plus grand et fort que moi. Je l'ai surpris un jour, marchant vers l'infirmerie, en larmes : blessure de ballon chasseur. Je l'aurais épousé sur le champ !

Voilà, je suis sexiste comme ça. Une fille qui pleure, je lui assène quelques conseils, qui s'apparentent à des gifles, sur le ton de « Prends-toi en main, ma grande ! » Un gars qui pleure, je le prends dans mes bras et je tombe amoureuse.

J'avais eu une révélation horrifique en lisant *Les cerfs-volants de Kaboul* de Khaled Hosseini. J'ai

---

1. Tiré d'un poème de l'auteure intitulé « Et si j'étais votre sanctuaire... ».

compris que le récit du viol d'un garçon me bouleversait davantage que celui du viol d'une femme.

Une autre révélation, le jour où un ami qui a trois grands enfants m'a dit : « On s'inquiète toujours plus pour ses filles. » Non, non ! J'ai toujours cru qu'il me serait horrible d'avoir des garçons, bien plus que des filles. Je m'inquiéterais toujours plus pour eux. Pour leurs peines « par en dedans », pour leurs dédales qui semblent tellement plus confus que les miens, pour leur profonde solitude.

Plein de gros clichés, quoi ! Des clichés qui s'alimentent à des clichés et qui enflent, qui grossissent, qui portent en eux la naissance de nouveaux clichés. Des clichés qui s'alimentent aux tabous aussi : le viol d'un homme, la douleur d'un homme.

Si j'en parle maintenant c'est que je traîne depuis quelques semaines les images de Leonard Cohen, en larmes, à la fin du film *Bird on a Wire*. Des images qui m'ont (trop) troublée. Qui m'ont fait pleurer. Pourtant... Ce n'est pas comme si j'apprenais à ce moment que Cohen est quelqu'un de sensible ! Pas comme si c'était la première fois que je voyais un homme pleurer dans mon écran de télé !

Je m'observe, depuis quelque temps, faire la leçon, vous écrire que nous sommes tous responsables des asservissements que l'on entretient. Je voulais me mettre au centre du cercle de tir. Le fait d'être cohérent avec ses idées demande une acuité de tous les instants et un travail contre les conditionnements qui nous précèdent, qui nous ont faits tels que nous sommes.

Voilà un de mes conditionnements : il n'y a aucune raison pour qu'un homme qui pleure soit plus émouvant qu'une femme qui pleure, et pourtant...

Pour l'instant, je ne suis pas arrivée à me déconditionner : ça me tord le cœur, ça me transperce. Ça me fait mal, physiquement.

Et ça me donne encore, parfois, quelques envies d'épousailles. Mais c'est une autre question. Pour ne pas dire un autre problème.

Photographies de presse:
le dernier bastion de la vérité

*Certes, révéler une image du monde n'est pas révéler
le monde lui-même! Mais le propre de l'imaginaire
photographique est de confondre les deux.*

Serge Tisseron[1]

Lors de la parution du numéro spécial du *Devoir*
consacré au photojournalisme le 8 septembre 2011,
un texte de présentation signé Isabelle Paré a attiré
mon attention. La journaliste introduisait l'initiative
(géniale, disons-le) du quotidien en affirmant que «la
photographie de presse fait office de dernier bastion
de la vérité[2]».

Évidemment, la question des retouches a beaucoup
fait jaser ces dernières années et la journaliste aborde
très bien le sujet. Dans une démarche artistique, il
m'apparaît que toute avancée technologique peut
représenter une occasion d'évolution et c'est à chaque
artiste d'y trouver ses repères. Ainsi, je défendrai toujours le droit des artistes photographes d'utiliser les

---

1. Serge Tisseron, *Le mystère de la chambre claire: Photographie
et inconscient*, Paris, Flammarion, 1996, p. 61.
2. Isabelle Paré, «Spécial photojournalisme», *Le Devoir*,
8 septembre 2011.

retouches comme ils l'entendent. Par contre, dans une démarche journalistique ou documentaire, elles sont, selon moi, difficilement justifiables. Que ce soit pour enlever un détail qui nuit à l'équilibre de l'image ou pour rehausser les couleurs, la liberté d'un photojournaliste de modifier l'image obtenue de première main m'apparaît des plus restreintes. De la même façon, je m'attends à ce qu'un journaliste ne bidouille pas les citations pour qu'elles cadrent mieux dans son propos ou qu'elles soient plus percutantes.

Au-delà de ce débat sur les retouches, il est faux de penser que la photographie est un médium qui dépeint le réel « tel qu'il est » (ou, pour le dire autrement, un médium qui transmet de la vérité). La photographie utilise de multiples façons la lumière, le point de vue, le cadrage, la composition, et est toujours, elle aussi, une parole subjective. La photographie de presse ne fait pas exception, ni dans sa réalisation (l'acte du photographe), ni dans la façon dont elle sera utilisée par les organes de presse. À ce sujet, Serge Tisseron exprimait très justement que : « [une] photographie constitue toujours *à la fois* un extrême de certitude (parce qu'elle représente une réalité qui a existé) et un extrême d'incertitude (parce qu'on n'a jamais vu ce qu'elle représente de la même façon qu'elle le représente)[1] ».

_____

1. Serge Tisseron, *op. cit.*, p. 66-67.

Avez-vous souvenir de cette photographie d'Obama, dans une rencontre internationale, qui semblait regarder sans gêne les fesses d'une très jeune et très belle Brésilienne ? La photo a circulé de façon virale. En la voyant, il m'a semblé d'emblée que quelque chose clochait. Non pas que j'idéalise Obama, mais je le crois trop habile et trop conscient pour se laisser aller à un regard aussi suggestif dans un moment où il sait pertinemment que toutes les caméras sont pointées sur lui (les invités se positionnaient justement pour une photo). Quelques heures après la diffusion de la photo, le démenti est arrivé par vidéo. La même scène, vue au complet, était finalement bien différente. La jeune femme monte les marches devant Obama qui regarde en fait au sol pour aider une autre femme à descendre.

Cet exemple est anecdotique, mais montre bien qu'une photographie peut prêter à de fausses interprétations.

Quand j'enseignais aux étudiants en Communication, politique et société de l'Université du Québec à Montréal, je commençais chaque cours par une analyse de photographies de presse. Nous souhaitions comprendre en quoi elles ne sont jamais neutres. J'étais en classe en septembre 2006 lorsque la tragédie de Dawson a eu lieu et nous avons suivi de près la couverture médiatique de l'événement. Il était alors fascinant de voir comment la mise en image des commémorations et cérémonies s'organisait autour de la reproduction d'images saintes. Les photos de presse reprenaient des symboles bien connus, à commencer par de jeunes filles recueillies, qui portaient parfois des foulards drapés, dans des positions évoquant la pureté de la Vierge.

Est-ce que ces photos sont réelles? Certes. Mais elles ne sont pas le dernier bastion de la vérité. Elles sont profondément symboliques, elles sont des vecteurs de sens, un matériau de construction du réel et de l'actualité.

Ça ne signifie pas nécessairement que tous les choix photographiques des médias sont conscients. Encore moins que les médias cherchent à vous manipuler. Pour quelle raison favorisait-on ces photos des commémorations de Dawson? Probablement parce que l'équipe du journal trouvait qu'elles étaient les meilleures, les plus touchantes. Elles l'étaient sans doute, justement, parce qu'elles évoquaient des symboles encore très forts qui tendent à nous ramener à des notions morales de bien et de mal.

Que la presse insiste pour se tenir loin des retouches est une bonne chose. De tous les types de photographie, celui-là doit rester le plus brut. Mais ne lui faisons pas porter une responsabilité aussi lourde et insaisissable que la défense de la vérité.

L'image de l'Autre

Le 11 septembre 2001, j'avais vingt-deux ans. Je revenais tout juste d'un été passé en Tunisie pour y apprendre l'arabe. Je faisais ma maîtrise en science politique à l'UQAM. Ce matin-là, le professeur invité, Zaki Laïdi, a refusé de lever le cours malgré ce qui se tramait dans le monde. J'ai pris mon sac et je suis sortie de la salle de classe malgré son avis. À la Chaire Raoul-Dandurand, on m'a dit de rentrer chez moi : j'avais un article à écrire pour la page Idées du *Devoir* du lendemain. Le résultat fut un bien mauvais texte. Soyons francs : ce jour-là, nous n'avions rien à dire. Nous étions bien trop près du choc pour pouvoir l'analyser.

Le 11 septembre 2001, j'étais une étudiante brillante, promise à un bel avenir, à quelques mois d'un départ pour Paris. (J'étais malheureuse comme les pierres, mais ça n'a rien à voir.) Ma spécialité : l'image de l'Islam en Occident. Nous n'avions rien à dire ce jour-là, mais nous devinions déjà que cela n'aiderait pas à redorer le blason de l'Islam auprès du public occidental.

Si j'ai été cette étudiante de vingt-deux ans, ce n'était pas par amour ou par fascination pour la culture arabe ou le Moyen-Orient. J'étais fascinée par notre psyché collective, par le rôle que jouent les stéréotypes et les lieux communs dans la définition du «vivre-ensemble». J'avais le sentiment d'une lutte à finir contre l'intolérance. Près de dix ans plus tard, c'est en lisant une chronique de Rima Elkouri[1], comme une photo du racisme ordinaire, que j'ai retrouvé le fil de ma colère. Je me suis rappelé d'où venait cette envie de crier.

C'est avec une paradoxale douceur que la journaliste relate l'intolérance qui lui a semblé la plus criante pendant un été de vacances françaises. Elle raconte son soudain sentiment d'être une Arabe, sentiment qu'elle n'a pas avec autant d'acuité au Québec. Pourtant, l'actualité nous rappelle sans cesse que l'intolérance n'est pas disparue. Et Rima Elkouri le sait, elle qui est devenue une chroniqueuse arabe ce 11 septembre 2001, comme elle l'écrira dans un autre article[2].

---

1. Rima Elkouri, «Saucisses merguez», *La Presse*, 9 septembre 2011.
2. Rima Elkouri, «Comment je suis devenue chroniqueuse arabe», *La Presse*, 10 septembre 2011.

J'avais à peine dix ans quand la tornade *Jamais sans ma fille* a frappé ma vie. Ma mère, les gens autour d'elle, dans l'espace public: on était sous le choc. On m'a fait lire le livre pour que je comprenne le danger... Et le danger était clairement religieux (ou ethnique, on ne savait plus trop). Mais quelque chose ne collait pas. Comme j'avais été élevée dans un antiracisme militant, je ne comprenais pas qu'on puisse ainsi m'inciter, avec emphase, à ne jamais fréquenter un Arabe. (Je sais que c'était un Iranien, mais qui comprenait cette nuance?)

J'avais à peine dix ans, donc, et je sentais une incohérence profonde chez des gens qui m'avaient appris l'humanisme et qui se laissaient pourtant aller à une psychose collective. Je savais une chose: ça ne se pouvait pas qu'*ils* soient tous comme ça, tous des batteurs de femmes. Trop jeune pour comprendre ou analyser, j'ai pourtant eu une forte intuition. La base du racisme, c'est souvent de prendre un enjeu de société (les droits des femmes dans les pays musulmans) et de le transférer en a priori comportemental (tous les musulmans – ou les Arabes – sont des batteurs de femmes).

Dix ans plus tard, un enseignant de cégep me mettrait dans les mains un court texte de 500 mots qui portait sur l'Image de l'Autre. Cet essai a changé ma vie. J'ai poursuivi mes études dans l'idée de pourfendre ce qui m'apparaissait comme la dernière stigmatisation encore tolérée dans notre société : celle de l'Islam et des Arabes (avec toutes les confusions qui les entourent).

Non seulement je n'ai pas gagné la bataille que je voulais mener, mais j'ai compris qu'il restait bien d'autres formes de stigmatisation encore actives. Que ce que j'avais toujours pris pour des acquis ne l'était pas. Que si des lois et une certaine pression sociale nous protègent contre le racisme, le sexisme ou l'homophobie exprimés de manière frontale dans l'espace public, ça ne règle pas tout. Dans les discussions de café, dans les lignes ouvertes, dans l'humour grossier, restent des relents d'une tranchante intolérance face à la différence. J'ai compris aussi que la plupart de ces stéréotypes se cristallisent dans des images véhiculées dans l'espace public, par les médias, par la culture, par le sens commun. Des images souvent si répétitives qu'on ne les questionne plus.

L'humanisme n'a pas gagné. Peut-être même qu'il perd doucement du terrain parce que nous baissons la garde. Tellement de gens se gargarisent à coup de

« soyez contents, c'était bien pire avant » ou son équivalent « c'est bien pire ailleurs ». Va-t-on se mettre
à excuser nos préjugés sous prétexte d'un passé peu
glorieux ou d'un ailleurs moins ouvert que nous ?

J'ai terminé mes études depuis longtemps, mais
je n'ai pas perdu mes espoirs utopiques en cours
de route. Si nous avons su faire le chemin depuis le
« bien pire » d'avant, c'est que nous avons toutes les
ressources pour faire mieux encore que le statu quo
de maintenant. Pour bâtir une société où plus personne ne serait réduit à une image stéréotypée.

La tolérance : un humanisme conditionnel ?

Au début des années 2000, je vivais avec mon oncle au moment où le débat sur le mariage gai faisait rage.

Mon oncle est gai. Pour la petite histoire, je n'avais pas dix ans quand quelqu'un me l'a dit pour la première fois et j'ai senti monter en moi un réflexe pour le défendre. En quelques secondes, l'idée avait fait son chemin. C'était une illumination, comme quand on apprend quelque chose qu'on sait depuis longtemps sans s'y être arrêté. J'étais même assez satisfaite : je connaissais un homosexuel ! *Check* !

Une fois adulte, j'ai été surprise de constater avec quel froid mon oncle accueillait ce débat, un peu comme si ça ne le concernait pas. Il ne niait pas l'importance de l'accès aux droits, mais était un peu déçu de voir sa « communauté » courir, bras ouverts, vers ce qu'il associait à une institution traditionnelle et bourgeoise. Mon oncle fait sans doute partie de ces gens qui ont senti que leur différence était plus qu'une simple préférence, qu'elle venait avec un choix de vie. Question de personnalité, mais question d'époque aussi.

C'est cette époque que dépeint Aleksi K. Lepage[1] dans un texte paru dans le numéro d'*Urbania* consacré aux lesbiennes. Cette époque où on assimilait

---

1. Aleksi K. Lepage, « Humaines trop humaines », *Urbania*, n° 32.

l'orientation sexuelle à une posture politique. Lepage fait justement le constat que, malgré ce qu'il a pu penser enfant, la fibre de la rébellion ne vient pas avec l'orientation sexuelle. « Toutes ces années de lutte auront ultimement mené aux belles images de couples zomosexuels se tenant par la main chez IKEA. » Quand on y pense, ça va de soi, mais le mouvement des homosexuels et lesbiennes a été tellement associé à la contre-culture qu'on a pu imaginer qu'il y avait là une filiation naturelle. Un peu comme ceux qui ont vraiment cru, avant Thatcher, que les femmes apporteraient de la douceur en politique.

Et puis, non, finalement : les femmes peuvent être belliqueuses et les homosexuels et lesbiennes peuvent rêver d'une vie rangée dans une bibliothèque Billy.

Quelques années plus tôt, j'avais entendu Pierre Bourgault, alors chroniqueur à l'émission du matin animée par Patrick Huard et Véronique Cloutier au 98,5, dire qu'il n'en avait rien à faire d'être « toléré dans sa différence ». Pour lui, la tolérance se faisait toujours du bout des lèvres, elle insinuait un état limite quelque part à la frontière du rejet. Pour lui, la tolérance se présentait toujours comme une faveur. Il trouvait ça insultant.

En lisant le texte d'Aleksi K. Lepage, je me suis demandé si nous nous étions contentés de tolérance. Avons-nous tout misé sur l'acception du fait que les homosexuels et lesbiennes sont des gens « comme les autres » ? Tolérons-nous la différence à condition qu'elle ne soit pas trop ostentatoire ? Comme si nous assimilions l'orientation sexuelle à un choix privé (et qui doit le rester) et non pas à une question d'identité. La tolérance est plus facile, finalement, quand on a la chance de ne pas trop y penser.

Comme le rappelle Aleksi K. Lepage, les homosexuels et lesbiennes ne sont pas moins humains que les autres, préjugés compris. Mais, alors, « sur qui pourra-t-on compter pour nous changer enfin des lieux désespérément communs ? » demande-t-il. Chose certaine, il n'y a pas de raison que ce soit aux homosexuels et lesbiennes (comme communauté) de livrer cette bataille contre l'uniformité. Si nous avons pu croire qu'ils étaient, par nature, marginaux, c'est qu'ils étaient socialement marginalisés. Il est sans doute dans l'ordre des choses que la plupart d'entre eux aient les mêmes aspirations, goûts, valeurs, limites que la masse.

Mais c'est sans compter qu'il reste dans la communauté LGBT (lesbiennes, gays, bisexuels et trans-genres) des gens qui posent un regard plus radical sur leur identité et sur leur rapport à la société. Pourquoi les entend-on si peu ? A-t-on peur qu'ils fassent reculer la cause ? La société tolérante est-elle une société frileuse, mais qui s'est habillée chaudement ?

Bourgault avait raison : la tolérance apparaît toujours comme une faveur avec une liste de conditions. Soyez différents, mais exprimez tout ça en restant dans le rang.

Les frontières de l'intolérable

> *Bref, je ne veux pas avoir à tolérer la*
> *confession religieuse d'une personne, ni même*
> *ses pratiques et croyances qui peuvent sembler*
> *tordues ; non, je ne veux pas les tolérer, je veux*
> *les accepter, les respecter, et en finalité, je veux en*
> *faire un détail.*
> Dalila Awada[1]

Dans sa lettre ouverte, Dalila Awada appelle à dépasser la notion de tolérance, un appel qui résonne avec celui de Pierre Bourgault dont j'ai parlé dans le texte précédent. Mme Awada tente de démontrer son intégration culturelle et souhaite que son apparence, incluant son voile (terme qu'elle utilise, même s'il s'agit plutôt d'un foulard), devienne un détail.

Une réponse relativement posée, toute à l'honneur de son auteure, Ghislaine Gendron[2], a été publiée quelques jours plus tard dans *La Presse*. C'est aussi tout à l'honneur du journal qui aurait sûrement eu le loisir de nous publier l'inestimable contribution

---

1. Dalila Awada, « Je ne veux pas être tolérée », *La Presse*, 18 février 2012.
2. Ghislaine Gendron, « Assumez les regards réprobateurs », *La Presse*, 22 février 2012.

d'un énervé qui aurait invité Dalila Awada à «retourner chez elle si elle n'est pas contente». Au contraire, la réponse de Mme Gendron est catégorique, mais pas hystérique: elle désapprouve le port du voile (foulard), le symbole lui fait violence, elle n'ira pas plus loin que la tolérance à ce propos.

⌣

Certains aiment soutenir que nous régressons, mais il me semble au contraire que le racisme a reculé. J'entends par racisme la croyance selon laquelle une race est supérieure à une autre, ou même l'idée plus générale qui associe des capacités ou des comportements à une génétique raciale. En général, l'idée que nos comportements, notre intelligence, nos valeurs relèvent davantage de l'acquis que de l'inné a fait beaucoup de chemin.

J'ai donc le sentiment que la «race» pose moins problème. Je ne dis pas qu'il n'y a plus aucun préjudice basé sur l'apparence ou sur la couleur de la peau, simplement qu'il me semble que nous avons fait des progrès importants à ce chapitre. Ce qui irrite davantage, c'est la différence culturelle. Pour le dire crûment: on tolère mieux un Noir en veston-cravate, surtout s'il est né ici et n'a pas d'accent, qu'un Noir en boubou qu'on ne comprend pas toujours et qui cuisine des trucs qui sentent fort. Serait-ce la différence entre le racisme et la xénophobie?

J'ai été sonnée par un reportage que Rima Elkouri a fait pour *La Presse* à Huntingdon. Rappelons qu'en 2011, le très médiatisé maire Stéphane Gendron a ouvert la porte à la construction d'une mosquée pour attirer les immigrants. «Stéphane Gendron a beau s'ériger en grand pourfendeur de préjugés, le fait est qu'il contribue tout de même, avec son projet, à promouvoir une image stéréotypée du musulman qui réclame sa mosquée et son abattoir halal avant même d'avoir mis les pieds quelque part[1].» J'ai été sonnée par la bêtise du maire Gendron comme par celle de ses concitoyens qui s'opposent à ce projet à travers une palette de commentaires racistes qu'on imagine bien («ces gens sont sur le BS», «ils vont prendre notre argent», «on ne veut pas de ça ici», «on va devoir rester chez nous le soir», etc.).

J'ai surtout été sonnée par empathie pour la journaliste: comment expliquer que les gens lui expriment leur aversion viscérale pour les Arabes «comme si de rien n'était», comme si elle n'était pas d'origine arabe elle-même? Je lui ai posé la question, mais elle n'avait pas de réponse, elle-même surprise par un phénomène qu'elle avait observé à quelques reprises.

---

1. Rima Elkouri, «Balade à Huntingdon», *La Presse*, 20 mars 2011.

Peut-être touchons-nous là à la fragile membrane de l'ignorance? Les gens qui s'adressent à elle savent-ils que Rima Elkouri est d'origine arabe? Ils ne savent probablement pas qu'un Arabe peut être catholique... Mais savent-ils distinguer, par ses traits, un Arabe, d'un Indien, d'un Latino-Américain ou même d'un Italien? Chose certaine, ils n'ont pas de griefs contre «les Arabes» comme Rima Elkouri, habillés «à l'occidentale» et qui parlent québécois. Ils en ont contre la différence culturelle, celle qui est visible, qui frappe. Ils ont peur, et pas à cause d'une couleur de peau. Ça, c'est de la xénophobie.

Revenons à Dalila Awada. Comme Bourgault, elle comprend la tolérance comme une probation. Elle espère plus. Ghislaine Gendron lui répond que le voile (foulard) est différent parce qu'il est un symbole de soumission des femmes. C'est indéniable. En même temps, les musulmanes et le port du voile/foulard monopolisent tellement les discussions autour de ces questions qu'il me semble assez difficile de juger des réactions de ma société face à d'autres différences culturelles. Par exemple, on parle beaucoup de profilage racial dans les corps policiers, mais ce profilage existe-t-il chez les citoyens? Est-il uniquement racial ou aussi culturel? L'autre jour, dans le métro, j'ai entendu une femme dire « C'est des gangs de rues... » en voyant des jeunes Noirs au look vaguement hip-hop entrer dans le wagon... Cette dame est-elle une exception?

Est-ce qu'il faut tout accepter ou, même, tout tolérer? Certainement pas. Mais la frontière de l'intolérable est une question très sensible et fluctuante. Je ne crois pas que cette notion coule de source et qu'elle se contente de s'appuyer sur les droits et l'égalité. Il faudra se lever tôt pour me convaincre que la réaction d'antipathie des gens rencontrés par Mme Elkouri à Huntingdon relève d'un courant féministe. Auraient-ils été moins inquiets si le maire leur avait annoncé une immigration massive directement d'Afrique noire? Avec quelques nuances de préjugés, j'en doute.

Le spécialiste, c'est vous! Vraiment?

Depuis qu'elles ont commencé à tourner, j'avale de travers chaque fois que j'entends les annonces de la Fondation Lucie et André Chagnon : « Machin\ Machine est un grand spécialiste du développement de l'enfant... » Dans le concept, machin/machine s'avère être un parent, un parent dont le rôle est évidemment incontournable dans la stimulation et dans le développement de l'enfant. J'avale de travers sans trop comprendre pourquoi. C'est même un peu émouvant quand la maman fait des coucous avec des débarbouillettes. Alors j'avale de travers en me disant qu'ils savent ce qu'ils font. Ce n'est pas n'importe qui la Fondation Chagnon...

Comment être contre une publicité qui valorise le rôle des parents, qui leur rappelle (parfois leur apprend) qu'un jeu qui fait rire un enfant n'est pas qu'un jeu, mais aussi une partie intégrante de son apprentissage. Il est primordial d'insister sur la nécessité, l'incontournable nécessité, d'être en communication avec son enfant, d'être sa première source de stimulation intellectuelle, émotive, motrice.

Pourtant, mon malaise tient le coup. C'est que cette publicité surfe sur un des lieux communs les plus nocifs à avoir cours dans l'espace public actuellement : l'idée que toutes les opinions, et, par le fait même, toutes les expertises se valent. Machin et machine sont des parents, sans doute de merveilleux parents, mais ils ne sont pas des spécialistes du développement de l'enfant. Et le seraient-ils qu'ils ne seraient pas bien placés pour disserter sur le développement de *leur* enfant. N'importe quel spécialiste saura vous dire ça.

Les spécialistes n'ont pas bonne presse par les temps qui courent, surtout dans les domaines qui relèvent de l'humain ou de l'esthétique : le développement des enfants, l'éducation en général, les arts, et sans doute d'autres qui m'échappent. On entend souvent des propos méprisants sur ces gens qui s'imaginent qu'ils savent mieux que nous ce qu'il faut faire. Mais après tout, vous dira-t-on, « on en a élevé, des enfants, on sait ce que c'est ». Ce discours qui remet en question la valeur d'un discours spécialisé s'appuie sur le fait qu'il y a de ces choses que nous faisons tous et qui relèvent des goûts, de l'instinct, du savoir ancestral, et que sais-je encore. C'en est aussi un qui valorise l'expérience personnelle comme source de savoir.

Tout cela n'est pas complètement faux. Tous ceux qui ont été parents ont une expérience dans l'éducation des enfants. Mais un spécialiste n'a pas qu'une expérience personnelle ; sa parole s'appuie non seulement sur des centaines de cas, mais aussi sur l'ensemble d'un corpus d'œuvres et de recherches. Ces deux paroles (la parole expérientielle et impliquée du parent et la parole spécialiste) ne sont pas, au plan de la valeur intrinsèque, supérieure l'une à l'autre. En fait, elles sont même incomparables parce qu'elles ne s'inscrivent pas du tout dans le même ordre de discours.

Cette légitimation de la parole expérientielle au détriment de la parole spécialiste, c'est exactement ce sur quoi surfe le Sénateur Boisvenu dans le cadre du projet de loi C-10. Cela ne signifie pas que M. Boisvenu ne devrait pas avoir le droit de s'exprimer sur cette question, seulement qu'on ne devrait jamais perdre de vue d'où il parle : d'une expérience intime et douloureuse. Et uniquement de là.

On vit aussi un problème similaire, que j'ai souvent soulevé, par rapport aux arts et au regard critique. Le jugement de n'importe quel quidam sur un film n'est pas sans intérêt. Le cinéma, après tout, est fait pour son public et tout le monde y entre avec ses goûts, ses expériences, ses filtres. Mais la critique est un autre discours. Un discours qui se doit de contextualiser, d'inscrire l'œuvre dans une continuité, d'en lire les différents aspects. Ces deux discours sont simplement incomparables.

Si la publicité de la Fondation Chagnon me met mal à l'aise, c'est que pour atteindre son but de valorisation du parent, elle joue sur cette frontière qui me semble particulièrement fragile actuellement. Nous n'avons rien à gagner à consolider cette zone de flou. Un parent impliqué est essentiel au développement d'un enfant, mais serait-il le plus impliqué des parents impliqués qu'il ne serait jamais un spécialiste.

Il est trop occupé à faire des « ti-galops » et des « coucous ». Et c'est très bien ainsi.

L'intimité pirate

Chaque fois que je soulève la question de l'intimité et des médias sociaux, je constate que les gens s'entendent rapidement sur des lieux communs. Une fois qu'on a dit qu'il y a trop d'intimité révélée dans les médias sociaux et qu'on doit revenir à la pudeur... alors quoi? Quelle intimité? Quelle pudeur? Que doit-on garder pour soi? Que peut-on dire? Où sont les frontières de l'intime?

Quand je soulève ces questions, on finit généralement par me dire que l'intime est inintéressant et on me parle des gens qui partagent où ils vont souper ou ce qu'ils ont acheté dans leur séance de magasinage du week-end. C'est peut-être inintéressant (même si c'est discutable), mais je ne vois pas en quoi c'est nécessairement un enjeu d'intimité. C'est anecdotique, mais ce n'est pas, selon moi, intime.

Par contre, le fait que Béatrice Martin, alias Cœur de pirate, annonce sa grossesse dans les médias sociaux est un enjeu d'intimité. Un beau cas à étudier pour comprendre notre rapport à ces questions.

En général, la vie privée des vedettes m'intéresse assez peu. Une fois cela dit, ce n'est pas à moi que la chanteuse s'adressait, mais à ses admirateurs. Ça ne m'intéresse pas, mais contrairement à votre souper du vendredi soir, ce n'est pas anecdotique.

C'est majeur, un grand changement de vie, un grand projet. Aurait-on réagi de la même façon si Béatrice Pirate avait annoncé qu'elle déménageait en France ? Serait-ce moins intime ?

J'ai entendu quelqu'un dire : « La grossesse est un événement intime qu'on a toujours gardé pour nos proches. » Vraiment ? Quand tu attends un enfant, tu l'annonces à tes proches qui, eux-mêmes, l'annoncent à tout le monde. Tu l'annonces à tes collègues, tu l'annonces à tes connaissances. Et arrive un moment où tu ne peux simplement plus le cacher.

Je ferais sans doute la même chose. Pas parce que je crains que quelqu'un me reconnaisse dans la rue, mais parce que ce n'est pas vrai que mes réseaux virtuels ont moins de valeurs, à mes yeux, que mes réseaux en face à face. Parce qu'un jour, faudra bien que j'annonce que j'ai accouché, non ? Aussi bien prendre un peu d'avance. Parce que l'intimité fait aussi partie de mon écriture et qu'un tel changement teintera qui je suis. Parce que, personnellement, je déteste ça apprendre que quelqu'une est enceinte quand elle est sur le bord d'accoucher et que ça ne s'est pas rendu à moi avant.

Mais ça nous ramène à la question de départ : qu'est-ce que l'intime ? L'annonce d'une grossesse ne relève tout de même pas du jardin secret.

Ma première réaction, quand j'ai appris la nouvelle de la grossesse de la chanteuse, ç'a été de lui souhaiter – de nous souhaiter – d'éviter le piège des photos de bedaine simili-cochonnes. Je repense avec un soupçon d'horreur aux photos du genre de Mariah Carey. Sur ces images, la star et son conjoint sont nus et la bedaine de la chanteuse est proéminente (rappelons qu'elle était enceinte de jumeaux). Ces clichés s'inscrivent dans une troublante ambivalence esthétique entre l'intimité familiale et l'intimité sexuelle. Son conjoint lui prend les seins à deux mains. Son conjoint embrasse son ventre pendant qu'elle porte les yeux au ciel dans une expression qui s'apparente à de la ferveur religieuse. Ces images provoquent en moi un profond malaise. Est-ce parce qu'elles relèvent de l'intime ? Ou plutôt du spectacle de l'intime ? Il y a pourtant des spectacles de l'intime qui ne me choquent pas. Celui-ci, oui. Pourquoi ? Parce qu'il est mercantile ? Je ne sais trop. Ça me semble vulgaire, fabriqué. C'est sans doute un jugement moral, je l'assume.

Quand le discours public a commencé à s'ouvrir aux intimités (comme le faisaient maintes émissions de témoignages il y a déjà quelques décennies), c'était pour contrer des silences destructeurs, une culture de la honte. Plusieurs semblent croire que nous sommes allés trop loin dans le dévoilement public de soi. Est-ce un retour de la honte ? Chose certaine, évoquer le bon sens ne suffit pas, parce que cela dit tout et rien à la fois.

Reprenons : Cœur de pirate annonce sa grossesse en ligne. Ça vous choque ? Ça vous choque plus ou moins que si c'était madame Tout-le-Monde qui le faisait ? Ça vous choque plus ou moins que la collecte au bureau pour le cadeau de *shower* de la collègue que vous connaissez à peine ?

Ça vous choque, mais savez-vous pourquoi ?

Une télé-réalité, deux paradigmes

Le lancement de la nouvelle émission *L'amour est dans le pré* a été applaudi presque unanimement. Voilà une télé-réalité de qualité, nous dit-on. Nous sommes une petite minorité (identifiés comme des esprits chagrins) à maintenir des doutes. Cet exemple particulier permet d'illustrer qu'il y a, autour de la question de la télé-réalité, deux paradigmes qui s'affrontent. Cela rend le dialogue presque vain parce que les points de départ sont trop éloignés.

Le paradigme dominant veut que la télé-réalité soit un phénomène incontournable. On ne peut rien faire contre, il faut vivre avec et, même, y prendre le plaisir qu'on peut. À partir de ce moment, la préoccupation des analystes sera d'évaluer les productions de télé-réalité à la lumière de ce que celle-ci est. Est-ce une bonne émission de télé-réalité ? Quelles sont ses qualités techniques ? Est-elle moins vulgaire que d'autres ? Plus pertinente que d'autres ? Dans ce cas-ci, nous insisterons sur le fait qu'elle attire l'attention sur un enjeu social : la relève en agriculture.

D'autres personnes, dont je suis, remettent en question non pas la qualité du produit, mais bien la raison d'être de ces émissions qui mettent en scène le désarroi de célibataires et leur quête d'amour. Voilà un paradigme différent qui déplace le point focal de la discussion.

Ceux qui s'interrogent sur la télé-réalité reviennent souvent sur la notion d'intimité. Il y aurait plusieurs angles à aborder, mais pour l'instant, j'aimerais surtout insister sur le fait qu'il est impossible de comparer l'intimité en jeu dans un documentaire et celle que met en scène la télé-réalité.

Le documentaire se base sur une thèse, des points de vue, un fil conducteur. Sous prétexte d'authenticité, la télé-réalité évacue le médiateur. Il n'y a pas de propos d'auteur, ce qui crée une impression de réalité, de vécu. Ce qui me préoccupe dans ce cas ce n'est pas tant l'intimité elle-même que son absence de contexte, d'accompagnement et d'objectif. Notre société accorde beaucoup d'importance à l'expérience et au vécu individuel, aux dépens d'une pensée plus globale ou sociologique des phénomènes. La télé-réalité s'inscrit sans doute dans cette optique, en lui ajoutant l'aspect ludique.

Voilà le plus dérangeant à mes yeux. Non seulement des quidams mettent leurs tripes sur la table en public, mais ils le font dans un cadre ludique. La télé-réalité n'a de réel que ses participants (et encore, suivant un *casting* très précis). Toute la prémisse est complètement artificielle puisqu'il s'agit de faire de la rencontre amoureuse une forme de concours sous observation, ce qui, nécessairement, change les comportements. Pourtant, la «ludification» télévisuelle du sentiment amoureux est une nouvelle norme admise par presque tout le monde. Aux yeux de plusieurs, il faut être un peu réactionnaire pour continuer à s'y opposer. Comme s'il n'y avait rien de préoccupant à transformer en enjeu compétitif ce qu'on a de plus intime. L'amour comme sport de salon : on choisit nos poulains, on place des paris, on vote, on s'offusque, on applaudit...

On m'accusera de critiquer sans avoir vu. C'est ici que le changement de paradigme intervient. Je n'ai pas besoin d'avoir vu parce que c'est le concept que je critique, c'est l'idéologie supportée par cette nouvelle industrie qui me dérange. Même si c'est très bien réalisé et que c'est sans doute divertissant, je ne peux pas perdre de vue les questions que soulèvent ces émissions quant au rapport que nous avons avec la chose amoureuse.

Résumons : des individus, acteurs non professionnels et non rémunérés, jouent littéralement leurs relations amoureuses devant nous. Pas jouer comme au théâtre, jouer comme au Monopoly. Vous voudriez que j'applaudisse ? Pour la relève en agriculture ? *Come on*... Je veux bien être ouverte d'esprit, mais je ne vois pas sous quel angle je pourrais trouver ça exaltant.

Urgence et création

*Ainsi, le travail des artistes au Liban serait
déterminé par l'urgence de leurs graves problèmes
et ces problèmes seraient un avantage.*
Lina Saneh[1]

Comédienne et metteure en scène libanaise, Lina
Saneh signe un percutant texte sur le mythe de la
création dans l'urgence dans le numéro d'automne
2011 de *L'Oiseau-Tigre*. Sa réflexion met à mal un
lieu commun assez nocif, soit l'idée que certaines
conditions critiques d'existence favorisent la création
artistique.

Qu'il s'agisse d'artistes vivant en situation de guerre
ou ayant une histoire personnelle hors de l'ordinaire,
on continue de croire que le drame et le malheur sont
des conditions favorables à la créativité. En plus d'avoir
des conceptions assez fermes des définitions du malheur et du bonheur, nous entretenons la certitude
qu'ils ont un impact sur nos capacités créatives.

Au contraire, Lina Saneh souligne que l'urgence
peut être un frein. « L'urgence, c'est ce qu'on nous a
inventé, ce qu'on nous invente et réinvente tous les

---

1. Lina Saneh, « Du danger de l'urgence », *L'Oiseau-Tigre*,
   Automne 2011.

jours pour nous empêcher d'avoir le temps de prendre la parole, pour nous réduire à l'expression impressionniste d'un mal flou dont on rejette rapidement la faute sur les autres. »

Elle souligne que le trauma, personnel ou collectif, n'est pas le temps de la création, c'est le temps du choc. Il faut donc prendre le temps (souvent inexistant) de sortir de l'urgence pour pouvoir dire. Être pris dans l'urgence peut aussi condamner l'artiste à être considéré comme légitime uniquement lorsqu'il parle de sa condition critique, comme si rien d'autre ne pouvait l'intéresser.

Cette lecture m'a rappelé la réponse qu'avait faite un écrivain de l'exil (je ne sais plus lequel) quand on lui a fait remarquer que vraiment beaucoup d'exilés deviennent écrivains : « Ce n'est pas le cas de la plupart ! » En effet, la majorité des exilés ne sont pas écrivains et la majorité des Libanais qui ont vécu la guerre ne font pas de théâtre. Il se trouve qu'on est écrivain et qu'on fait du théâtre dans d'autres circonstances aussi. De même, la majorité des gens qui sont agressés sexuellement dans l'enfance ne deviennent pas des artistes et ceux qui vivent un deuil déchirant n'en font pas tous un livre.

L'un des dangers de ce lieu commun, c'est qu'il tente de légitimer une parole artistique par ce qui la motive. Toute parole de guerre n'est pas réussie, toute narration d'un drame personnel n'est pas de l'art. Dans cette période où les médias ont déjà tendance à analyser une œuvre en regard du vécu de son artiste, les drames et l'urgence font de bons appâts. Mais ils ne disent rien de la qualité de l'œuvre.

Cette idée véhicule aussi la notion de la création artistique comme une inspiration, un trop-plein, un flux instinctif. Les artistes aiment pourtant rappeler que ce qu'ils créent naît surtout de l'effort et du travail. Et pour ça, il faut du temps, un temps que l'urgence ronge souvent.

Je repense à Jorge Semprun qui, à la sortie des camps après la guerre, n'a pas su écrire son expérience tout de suite, justifiant ainsi le titre de son chef d'œuvre *L'écriture ou la vie*. Semprun, pendant longtemps, a eu besoin de ne surtout pas écrire pour pouvoir vivre. Le trauma l'avait fait taire.

Lina Saneh termine son texte magnifique par une prescription qui ne s'adresse pas qu'à ses compatriotes, mais bien à nous tous qui sommes souvent pris dans des urgences de poids relatifs à travers lesquels nous ne faisons pas toujours place au lent travail d'émancipation qui nous permettrait d'aller plus loin. « Se jouer de l'urgence, s'en moquer, la relativiser, trouver des failles dans les discours, creuser des trous par lesquels on pourrait fuir, s'échapper, ouvrir d'autres alternatives possibles ou impossibles... »

Projet de loi 78 :
Lettre à mes anciens compatriotes

Printemps 2012 : le Québec est déchiré par un conflit étudiant d'une envergure inédite. Dans les premières semaines, j'ai affiché mes couleurs rouges, par solidarité, sur mes avatars virtuels. Mais je n'ai rien écrit. D'abord parce que tout ce qui blogue au Québec le faisait déjà. Ensuite parce qu'il faut assumer ses choix et être conséquent : j'ai quitté le Québec. Je suis solidaire, mais en tant que citoyenne, ce débat n'est pas le mien. Je ne voterai pas aux élections qui finiront bien par poindre.

Sauf qu'avec l'émergence du projet de loi 78, j'avoue que je suis brassée au plus profond de mes valeurs. Je ne peux plus me taire.

Je pourrais essayer de raisonner ceux d'entre vous qui en appellent à l'armée. Ceux qui, devant la photo d'une étudiante blessée, souhaitent plus de douleur encore. Je pourrais parler d'atavismes de violence et tenter (sans doute en vain) de vous expliquer que ce que vous associez toujours aux barbares étrangers (la violence, la guerre, la haine), certains de nos concitoyens sont malheureusement la preuve que nous n'en sommes pas exempts. Il m'arrive de lire dans des commentaires quelque chose comme une trace fossile de guerre civile : la haine de l'autre. Ça fait peur...

Mais j'ai besoin de croire que ces gens qui souhaitent du sang, de la vengeance et des autodafés sont une minorité. D'un côté comme de l'autre d'ailleurs. Je vais donc tenter, maladroitement, de les ignorer pour ne pas sortir de cette épreuve morcelée.

Je m'adresserai plutôt à vous qui croyez qu'il faut que ça cesse. Qui dites aux sondeurs que les étudiants sont des enfants gâtés. Qui êtes tannés de tout ce désordre. Qui voulez parler d'autre chose. (Vous n'êtes pas seuls, j'ai vu des personnalités publiques le réclamer sur les réseaux sociaux à plus d'une reprise.) Je m'adresse à vous qu'on appelle la majorité silencieuse même si, étrangement, tout le monde semble savoir ce que vous pensez.

Je m'adresse à vous qui me demanderez qui je suis pour oser prendre la parole. Comme si, en ces matières, il fallait être vraiment quelqu'un d'autre qu'un citoyen pour en débattre. Je n'ai vu personne vous demander qui vous étiez, vous, pour donner des leçons de citoyenneté. Je le sais : vous êtes des gens qui croient au pouvoir en place, qui résument la démocratie à la politique partisane et à ceux qui en font un métier. Je constate qu'on vous a convaincus que la démocratie, ça se passe dans une urne en carton, le moins souvent possible. Et ça, vraiment, il y a de quoi brailler pour quelqu'un qui estime que la démocratie est un engagement continu. Un travail constant.

En même temps, plein de gens s'appliquent à vous donner raison. Le député libéral Daniel Bernard, sur sa page Facebook, a écrit : « En démocratie, le mécontentement s'exprime lors des élections. » Plusieurs autres commentateurs sont allés dans le même sens, résumant la démocratie à son institution électorale. (J'espère, à ce propos, qu'on a averti les nombreux lobbys, déclarés ou non, de garder leur mécontentement pour les élections...)

En fait, le système démocratique libéral tente un fragile équilibre entre de multiples institutions qui favorisent à divers égards un engagement citoyen. Les syndicats et les associations de tout type en font partie. La presse libre aussi. Le rêve ultime de la démocratie, c'est un citoyen informé et engagé. C'est là que le bât blesse. Parce que ça ne vous intéresse pas.

Je vous connais. Je vous ai croisés à de multiples reprises et attendus en vain encore plus souvent dans des assemblées et des consultations. La plupart du temps, vous étiez absents. Parce que vous ne vous sentiez pas concernés. C'est vrai que ça prend du temps et, par un étrange malentendu, vous imaginez que ceux qui en trouvent trichent un peu. Vous ne pouvez pas concevoir que ce soit pour nous une priorité : l'assemblée syndicale, la consultation publique du quartier, une manif, les élections scolaires, etc. Être politisé, c'est comme devenir groupie de la démocratie. On s'y jette à fond.

C'est par ce même malentendu que vous acceptez cette loi spéciale qui restreint le droit de manifester et celui de s'associer. Pour vous, ce n'est pas important, donc ceux qui en profitent doivent nécessairement avoir des motivations peu recommandables. Ils tentent sans doute de vous noyauter (un de vos mots préférés). Nous en sommes là : les gens qui s'impliquent comme citoyens ont toujours un profil un peu douteux.

Vous me direz que je n'ai pas dénoncé les manifestants qui exagèrent. C'est que si j'estime qu'un acte criminel individuel mérite d'être puni, je considère aussi que la restriction de droits démocratiques par l'institution qui détient le pouvoir de la force légale est plus inquiétante encore. Ce qu'on démontre en ce moment, c'est qu'on en a une compréhension à géométrie variable de la démocratie et qu'on a le pouvoir de la limiter, quand ça nous arrange, au fait d'aller voter.

Je n'espère pas vous convaincre. Je ne suis pas vraiment en criss contre vous, juste triste. Je me demande si la démocratie n'est pas un échec, s'il n'y a pas grand monde que ça intéresse sauf pour évoquer les sacro-saintes élections (auxquelles le taux de participation est minime de toute façon).

Bonne chance. Je pense à vous de l'autre côté de la rivière. J'ai votre crise sur le cœur. Et je vous aime, parce qu'on ne cesse pas d'être Québécoise en perdant son droit de vote.

La fin de l'histoire

On vit dans une société qui est égalitaire, on vit dans une société qui est démocratique, on ne devrait plus se gouverner par le biais de menaces, de groupes comme ça qui se permettent de le faire.
Michelle Courchesne, 27 juin 2012

On retrouve le concept de la fin de l'histoire chez plusieurs philosophes majeurs, dont Hegel et Kant. Mes notions de philosophie étant assez basiques, je ne voudrais pas tenter d'expliquer les subtilités de ces différentes approches. Pourtant, il me semble que plusieurs protagonistes du débat social et étudiant du printemps 2012 ont recours à ce concept pour appuyer leur argumentaire, sans même le savoir probablement.

En bref, l'idée de la fin de l'histoire implique que nous évoluons de manière ascendante (ce que nous appelons la civilisation) et qu'il y aurait une fin à cette évolution, un stade ultime de développement. Certains estiment que nous avons atteint ce stade puisqu'il s'agit de la démocratie libérale capitaliste telle que nous la vivons en Occident. Cette idée a été remise à l'ordre du jour à la fin du XXe siècle par Francis Fukuyama qui interprétait la chute du bloc de l'Est comme la preuve de la victoire du modèle démocrate libéral. Ainsi, la fin de l'histoire pourrait être assimilée à un argument d'autorité historique : comme nous n'avons jamais été aussi bien, c'est donc que nous aurions atteint le Graal.

Quel lien faire entre cette notion et le conflit social de 2012 ?

On peut d'abord penser à l'interdit des comparaisons. En effet, il est devenu impossible de comparer notre situation à n'importe quelle autre. On ne peut pas jouer de la casserole sans craindre de trahir la mémoire des peuples sud-américains qui en ont joué avant nous. On ne peut pas se référer à Gandhi pour expliquer la désobéissance civile puisque la situation ici n'a rien à voir. On ne peut pas comparer la loi de Poutine et celle de Charest parce que le Québec n'est pas la Russie.

L'interdiction de toute comparaison historique ou géographique sous-entend la fin de l'histoire. On ne peut se comparer puisque « avant » ou « ailleurs », ils avaient de bonnes raisons de vouloir contourner les pouvoirs en place. Ici et maintenant, nos raisons sont faibles puisque notre système est fondamentalement juste. Le contredire devient donc une aberration.

Dans un des éditoriaux de Mario Roy, on retrouve de ces idées de fin de l'histoire. « Enfin, sommer la population de prendre parti par tous les moyens, y compris violents, que justifie la prémisse du "tout est politique" est un viol du droit le plus fondamental, peut-être, que possède tout individu. Celui d'être

162

laissé seul. En paix[1]. » Si on estime que la liberté ultime du citoyen aujourd'hui est de rester en paix et en silence, c'est justement parce qu'il peut se reposer après avoir beaucoup travaillé pour atteindre ce stade de développement qui est celui de la société libérale capitaliste tranquille où il vit.

La fin de l'histoire perçait aussi dans plusieurs chroniques signées par Yves Boisvert dans les derniers mois. Par exemple : « Les jeunes et les vieux, plus ou moins étudiants, se font perquisitionner chez eux quand la police a des motifs suffisants pour obtenir un mandat d'un juge. C'est-à-dire quand ils ont assez de bonnes raisons de penser qu'ils trouveront la preuve d'un crime[2]. » On comprend bien, entre les lignes, que M. Boisvert a pleine confiance dans les institutions et estime qu'il devait y avoir de bonnes raisons pour que ces perquisitions aient lieu (même s'il n'en sait probablement rien, puisque les motifs n'ont toujours pas été divulgués). Quelque chose d'aussi absurde qu'un abus de pouvoir policier ne pourrait se produire, ici, maintenant, dans le cadre d'un tel événement. Et s'il y a abus, il sera nécessairement puni un jour.

Dans l'idée de la fin de l'histoire, il y a une notion de confiance quasi inébranlable dans les

---

1. Mario Roy, « Tout est politique », *La Presse*, 9 juin 2012.
2. Yves Boisvert, « La foutue démocratie », *La Presse*, 8 juin 2012.

institutions. Je ne dis pas que c'est le cas de M. Roy et de M. Boisvert, mais que leurs arguments pigent dans cette idée de confiance et de comparaisons inutiles. Le système n'a jamais aussi bien fonctionné, pourquoi douter de lui? C'est ce que nous dit Mme Courchesne dans la citation en exergue: les rapports de pouvoir dans notre société ne posent pas problème, donc tous ceux qui cherchent à les modifier (ici, les syndicats) le font nécessairement par mauvaise foi.

Je suis plutôt de ces gens qui ne croient pas que l'histoire a une fin. De ceux qui pensent qu'on peut toujours faire mieux, plus juste, plus équitable. De ceux qui estiment que notre système est encore plein de failles et d'iniquités. On nous dit utopistes? Je réponds: tant mieux.

À toutes les époques, il y a eu des gens pour nous dire que le système en place était le meilleur, que les lois étaient justes, qu'on ne pouvait espérer mieux et qu'il serait absurde de désobéir. Des gens pour le dire aux femmes, aux Noirs, aux travailleurs, entre autres, qui se battaient pour plus de justice. Mais bon, je parle dans le vide. On me répondra qu'avant, c'était différent, bien pire que maintenant. Et sous prétexte qu'il y a pire, il faudrait demander moins.

Je suis contente que l'histoire ne soit pas finie, les perspectives me sembleraient bien grises.

Deux débats, beaucoup de confusion

Le passage de Djemila Benhabib à *Tout le monde en parle* a confirmé mon ambivalence à son égard. Je trouve que c'est une femme intelligente, je partage plusieurs de ses valeurs et pourtant, son ton et son manque de nuances m'indisposent grandement. Quelqu'un m'a répondu qu'il faut parfois exagérer pour marquer son point. Je n'admets pas cette idée. Dire qu'une certaine gauche, comme Québec Solidaire, soutient que le voile est un vêtement ordinaire, c'est faux... et démagogique.

Le débat sur la laïcité est une question complexe et je ne suis pas une spécialiste, mais permettez que je tente un résumé. La position de Mme Benhabib est que la laïcité doit être stricte : la religion est une affaire privée et l'espace public doit être vidé des signes ostentatoires. (Il faudrait d'ailleurs définir « espace public ».) Le débat concerne généralement les travailleurs de l'État (fonctionnaires, profs, médecins, forces de l'ordre, etc.) et certains lieux clés de socialisation (les écoles, les institutions démocratiques, etc.). L'autre soir à la Première Chaîne, Mme Benhabib a donné comme exemple « un journaliste en soutane ». Un journaliste n'étant pas un travailleur de l'État, il faudrait savoir si le port de signes ostentatoires doit aussi être exclu de tout lieu public (comprendre : dès que vous sortez de chez vous).

Mme Benhabib s'oppose à la laïcité ouverte qui, malgré ce qu'elle en dit, ne considère pas le voile comme un vêtement ordinaire, mais croit que le combat est ailleurs. Les féministes qui défendent la laïcité ouverte centrent l'enjeu sur les droits individuels des femmes et leur émancipation. Elles ne nient pas que le voile soit un signe d'asservissement, mais ne croient pas que c'est en l'arrachant qu'on réglera le problème. Elles vous diraient qu'elles préfèrent voir des femmes voilées dans leurs réunions plutôt que de couper le contact avec elles.

Mon malaise avec la position de Djemila Benhabib (et de plusieurs autres) se situe exactement là. On entretient une confusion que je trouve très malsaine entre deux enjeux.

Premièrement, le débat sur le type de laïcité porte sur les valeurs que nous voulons défendre comme société. Les partisans de la laïcité stricte diront qu'en empêchant le port du voile dans la fonction publique on affirme que le Québec place l'égalité des sexes comme une valeur primordiale qui ne tolère aucune exception. Ce débat porte aussi sur les sphères publiques et privées et vise, essentiellement, à déterminer quelle place nous sommes prêts à faire (ou non) aux symboles religieux dans notre espace public (je le répète, il faudrait définir ce qu'est l'espace public). Nous pourrions imaginer que nous acceptons les signes individuels (foulard, croix ou autres), mais que nous refusons les prières publiques.

Deuxièmement, la question de l'égalité entre les hommes et les femmes est aussi complexe, mais tout autre. C'est une question qui relève à la fois des droits individuels (qui eux concernent autant l'espace public que l'espace privé) et une question de mentalités. Nous savons que dans certaines communautés culturelles (et pas juste musulmanes) persistent des rapports de genre, institutionnalisés, promus, défendus par le groupe, qui oppriment les femmes et bloquent leur émancipation. Nous savons que, comme dans toutes les communautés (le Québec bien blanc aussi), les femmes elles-mêmes sont parfois l'instrument de leur propre asservissement tant elles ont intériorisé les normes du groupe. Nous sommes devant un enjeu immense.

Mon malaise, c'est que certains partisans de la laïcité stricte veulent nous faire croire que leur réponse au premier débat réglera le deuxième problème. Je pense que c'est faux. Ces deux questions ne sont pas liées par une causalité directe. Elles participent à des mouvances voisines, mais nous pouvons très bien nous débarrasser de tout signe ostentatoire dans l'espace public et ne rien améliorer aux droits des femmes ou aux mentalités individuelles. A contrario, la crainte de plusieurs féministes qui prônent la laïcité ouverte, c'est qu'une laïcité trop stricte pousse les communautés culturelles et religieuses à se refermer sur elles-mêmes et à retirer certaines femmes du marché du travail.

Ma position n'est pas ferme quant au débat sur la laïcité. Mme Benhabib et d'autres pointeront mon ambivalence comme la preuve de mon antiféminisme. Nous sommes ici sur un terrain où le doute est proscrit.

Mon plus cher souhait, pourtant, c'est l'instauration d'une société égalitaire, débarrassée de ses stéréotypes sexuels. Mais je ne veux pas que ce débat n'en soit qu'un d'apparence.

Si du jour au lendemain il n'y a plus de femmes portant le foulard qui travaillent au bureau des passeports, qu'est-ce que ça me dira, exactement, sur l'émancipation des femmes dans ma société?

Nos relents xénophobes

J'ai voulu éviter d'ajouter ma voix à ce débat sur la viande halal. Parce que c'est douloureux. Simplement. Par lâcheté. Pour ne pas gratter la plaie.

« Pourquoi douloureux ? direz-vous. Ça ne te concerne pas. Tu es une "pure laine". » Ça me concerne directement, au contraire, parce que quand quelqu'un pose un débat en termes d'identités fermées (Nous vs Eux), je suis incluse dans un Nous dont je n'ai rien à foutre. Je me sens donc interpellée. Ça me concerne aussi pour des raisons presque historiques. Parce que de tout temps cette question m'intéresse.

Est-ce que tous ceux qui s'opposent au halal sont xénophobes ? Non. C'est un débat multiple et complexe. Il n'y a pas deux clans tranchés et rien ne peut nuire plus que le sens de la formule.

Pourtant, en estimant que l'enjeu en est un de « valeurs québécoises », le député André Simard posait la question en termes d'identité, bien avant de la poser en termes d'enjeux industriels, d'agriculture, de traçabilité ou même, de droits des animaux. On me convaincra que les gens sont si sensibles à la qualité de ce qu'ils mangent quand je sentirai un tel emballement pour l'achat local ou l'étiquetage des OGM. Je reste pour l'instant persuadée que ce qui allume les foules dans ce débat, c'est la question identitaire, pas la question alimentaire.

Plusieurs personnes diront que les racistes et les xénophobes sont une minorité dans notre société. C'est sans doute vrai. Les extrémistes religieux aussi. Par conséquent, il me semble que ce débat oppose en fait des gens qui ont des peurs concurrentes. Peurs de deux minorités.

D'un côté, certains estiment que nos sociétés sont de plus en plus envahies par des groupes religieux radicaux, particulièrement islamistes. C'est la position de Djemila Benhabib. D'autre part, certains, dont je suis, estiment que des relents de xénophobie qui gagnent une nouvelle légitimité posent un bien plus grand danger que des groupes minoritaires extrémistes. Dans un coin : le danger de l'islam radical ; dans l'autre : le danger de l'islamophobie.

Aucune démonstration du premier danger n'a réussi à me convaincre jusqu'à maintenant qu'il était imminent. Est-ce que ça fait de moi une idiote utile à l'Islam ? J'en doute, mais je comprends qu'on puisse le penser. On pourrait me reprocher, par exemple, de ne pas dénoncer publiquement les abus des religieux radicaux. Le problème c'est que ces gens sont très discrets et je les entends bien peu chez nous. Par contre, l'islamophobie a une belle place dans l'espace public. Je l'entends dans les tribunes téléphoniques, je la lis sur Twitter, dans les commentaires de blogues. Elle est même relayée, souvent en se niant elle-même, par des chroniqueurs qui ont de belles tribunes.

Je déteste répéter de telles insanités, mais disons simplement qu'en parcourant des commentaires laissés sur le blogue de Richard Martineau, j'ai lu, entre autres, que « les personnes KASHER et HALAL n'apportent aucun argent au Québec », qu'on ne les voit jamais « dans nos restaurants et nos magasins », « qu'ils ne paient pas d'impôts et ramassent des milliards sur notre dos », que l'islam est « une religion barbare », que si ça continue les femmes d'ici « porteront des couvertes noires » ou encore qu'on devrait « les mettre dans un container ou les shipper dans le désert[1] ».

Plusieurs personnes que je respecte m'ont dit refuser d'être associées à des racistes parce qu'ils s'opposent au halal. D'accord. Mais qu'ils dénoncent la xénophobie et les amalgames alors ! Plusieurs ne le font pas sous prétexte que ce discours est minoritaire. C'est là que je débarque... Pour moi, tant et aussi longtemps que ce discours sera considéré comme légitime, il représentera un urgent danger. Bien plus grand que l'islamisation de la société québécoise ou canadienne.

---

1. Les citations sont tirées des commentaires du blogue de Richard Martineau sur sa note du 14 mars 2012.

Je reconnais (et connais) certaines personnes qui ont une vision très stricte de la laïcité et qui se battent de façon tout à fait cohérente pour que nous l'atteignions. Je ne suis pas toujours d'accord avec eux, mais je peux en discuter. Le problème, c'est que tout un pan du discours anti-halal (comme anti-foulard, d'ailleurs) vise à neutraliser ce qui est perçu comme une invasion culturelle, y compris de notre fond religieux judéo-chrétien qu'on ne souhaite pas voir entaché. De la part de plusieurs, je ne perçois donc pas une cohérence argumentaire autour de la laïcité, mais bien la promotion d'une forme d'identité conservatrice, figée, et que l'on doit protéger à tout prix de l'invasion. Je me méfie comme de la peste de toute définition de l'identité qui se barricade en démonisant l'Autre.

J'assume ma peur. J'assume mon émotivité, aussi. Mais rien dans ce débat ne m'a donné envie de changer d'idée. Rien ne m'a prouvé que la xénophobie recule. Et jamais je ne défendrai un projet de société qui tolère des propos xénophobes (insidieux ou non) comme étant des arguments recevables.

Chronique fragile

C'était dans une assemblée générale étudiante. Quelqu'un que j'aimais bien m'a envoyé une vacherie. Pas un argument, une attaque. Quand l'assemblée s'est terminée, cette personne a voulu qu'on aille prendre un verre. J'ai refusé. Je n'ai pas cette capacité à lever l'assemblée et à redevenir copains dans la minute comme si on ne m'avait pas traitée juste avant d'intello déconnectée, de gauche caviar, d'instrument du système, d'ouvreuse de porte à l'islamisation de la société ou que sais-je encore.

C'était une époque où le débat m'usait. Il m'use encore parfois.

C'est que le débat peut être un cirque. Ses petites cases noires et blanches et son sens de la formule nous occupent tellement que son aspect rhétorique, stratégique, ludique parfois, prend le pas sur le contenu. Ainsi, toi, mon ami qui pense noir, moi, ton amie qui pense blanc, nous laissons se dire n'importe quoi sur notre ami d'en face. J'ai pourtant la conviction que chaque argument vicieux et chaque détournement de sens nous éloignent de ce que nous cherchons vraiment : la démocratie.

Je crois profondément que nous devrions être préoccupés au moins autant par l'environnement qui permet au débat de prendre sa grandeur que par le débat lui-même.

La semaine dernière, j'ai participé à l'une des conversations les plus pertinentes et respectueuses qu'il m'ait été donné de lire sur Facebook. Elle avait pourtant commencé rudement lorsqu'une de mes connaissances avait évoqué les « pseudoféministes » qui s'opposent au récent jugement ontarien concernant la décriminalisation de la prostitution. C'est un sujet que je connais mal, mais malgré le fait que je ne partage pas spontanément leur point de vue, je me suis opposée à ce terme de « pseudoféministes ». J'ai expliqué comment, selon ma compréhension, deux lectures de l'aliénation s'opposent dans cette histoire. Deux lectures féministes.

Or, je réalise que plusieurs des positions que je prends publiquement ont été catégorisées comme « pseudoféministes » (ou même anti) : dans le débat Cantat, dans celui sur la madamisation des médias, dans la récurrente question du port du foulard. Et je ne me rappelle pas qu'aucune féministe en désaccord avec le point de vue que je défendais ait pris la parole publiquement pour dire qu'il y a plusieurs écoles féministes. Aucune de ces femmes n'a fait ce que j'ai fait pour elles sur Facebook : expliquer la logique argumentaire de ma position et ses fondements.

Elles se sont tues parce que nous n'étions pas d'accord. Elles devaient être convaincues, avec raison, que sur une autre question nous jouerions de nouveau dans la même équipe et que si, entre-temps, nous étions quelques-unes à passer pour des antiféministes, c'était pour le bien du débat. J'ai pourtant la conviction qu'un débat n'a rien à gagner à brouiller les pistes, à favoriser les amalgames et à gommer les nuances.

◡

Ici on m'accuse d'être « celle par qui nos petites filles de cinq ans seront voilées dans quelques années ». Silence radio. Là on me dit que je ne sors jamais de ma tour. Silence radio. Plus tard on me traite de malhonnête intellectuelle. Aucune réaction. Paraît que je suis autonome. Paraît que je suis capable. Ben des fois non, je ne suis plus capable.

Je ne peux pas comprendre ces silences parce que je suis une louve. Quand on s'attaque à quelqu'un que j'aime ou que je respecte, quand on remet en question son intégrité, quand on nie son intelligence, quand on use d'arguments fallacieux ou d'attaques personnelles à son endroit, l'écume me monte aux lèvres. Il faut

parfois que je me retienne pour ne pas dépecer l'atta-
quant avec mes dents.

Ça me rappelle vaguement un jour d'été, sur la rue
Beaubien. Un homme dans sa voiture suivait une
magnifique jeune fille qui marchait sur le trottoir et
il la harcelait avec tout ce que vous pouvez imaginer
de bruits de bouche disgracieux et d'insistants appels
à la chair. La fille, au téléphone, gérait sa panique en
parlant à une amie.

J'ai fait une crise. Je lui ai dit de foutre le camp, j'ai
donné des coups de pieds dans ses pneus. Il m'a traitée de folle et je suppose que certains passants l'ont
cru. La fille, ébahie, m'a dit « Merci madame… » avant
de reprendre sa conversation téléphonique : « … ben y
a une madame qui l'a fait partir… »

Il me semble que parfois, quand on est attaqué
dans des zones fragiles, on a besoin des autres pour
garder le dos droit. Parce que nous, on commence à
douter et on manque de ressources.

Un soir, je réfléchissais à tout ça. Le lendemain, Marc
Cassivi écrivait sur la culture de l'humiliation : « Il

faut dire que nous vivons à une époque qui non seulement tolère l'humiliation, mais l'encourage. Lorsque je constate l'intérêt que suscite une téléréalité comme *Occupation double*, qui repose essentiellement sur l'humiliation de concurrents à peine mieux traités que des animaux en cage, je me dis que l'on participe à cette désensibilisation collective face à l'humiliation[1]. » Je me suis demandé si cette culture existe aussi parce que, même entre adultes, on se protège rarement les uns les autres.

Parce qu'on se laisse convaincre qu'un débat est comme un ring, qu'il n'y a que deux coins et qu'on doit tout faire pour gagner, quitte à souiller le plancher. Parce qu'on accepte l'idée que le monde s'organise souvent en deux clans opposés. Parce que la santé des échanges, leur profondeur, leur justesse nous intéressent moins que le fait d'avoir raison. Parce que la virtualité grandissante nous laisse un arrière-goût de plastique, comme si ce n'était pas tout à fait vrai. Parce qu'on est seulement observateurs et qu'on considère que si ça dérape, si des gens sont blessés, ce n'est pas vraiment de nos affaires.

---

1. Marc Cassivi, « La culture de l'humiliation », *La Presse*, 3 avril 2012.

Ou juste parce qu'on pense que la fille entêtée, là-bas, elle est tellement forte qu'elle est capable toute seule de les faire taire, ceux qui la picossent.

Mais des fois, elle est plus capable. Des fois, elle rêve qu'on la protège. Alors elle se cache sous la table. Et elle écrit des chroniques comme des confessions en se disant qu'un jour elle optera pour une parole anonyme et consensuelle.

Les cartes Hallmark.

Ou les biscuits chinois.

Dédales

Pourquoi « moi(s) » ne peut pas s'écrire au pluriel ?
La langue est parfois limitée.

De l'impudeur d'être soi

« L'anecdote et l'expérience, ce n'est pas la même chose. » C'est dans le cadre enchanteur des Correspondances d'Eastman qu'Hélène Dorion a lancé cette phrase qui m'a rejointe dans un recoin de moi qui doute. (Quelques recoins de moi doutent, en effet, et je soupçonne avoir plus de quatre coins. Mais ce n'est pas scientifiquement prouvé.)

On m'a souvent reproché d'être impudique. C'est sans doute vrai. Quand quelque chose me chatouille un peu, je préfère gratter. J'ai la conviction qu'on cicatrise mieux quand une plaie est vidée de son pus. Et autant j'aime un certain silence, autant les omertàs me puent au nez.

J'ai pourtant des limites et l'impudeur qui me choque est souvent celle de l'anecdote. Je peux parler de sexualité facilement, mais je n'aime pas trop qu'on me raconte les détails d'une histoire de cul. Les détails des histoires des gens m'intéressent moins que leurs affects et leurs réflexions. (Comme les histoires m'intéressent moins que la poésie du verbe dans un roman...)

Dans le passé, j'ai publié des textes que je regrette. Soit parce qu'ils relevaient du règlement de compte, soit parce qu'ils ne parvenaient pas à se détacher de l'anecdote. Je n'ai aucun regret quant à ce que vous lisez présentement, mais j'ai hésité souvent : est-ce que je parle du corps ? Est-ce que je parle du suicide ? Est-ce que je laisse telle chute, très efficace, mais qui dit sans doute plus de moi que bien des textes de mille mots ?

Si j'avance, c'est qu'à la manière d'Hélène Dorion, j'ai des raisons de croire que l'intime rejoint le lecteur dans sa réalité, que l'intime peut être universel. Parce que si je sais magnifier la question du corps au-delà de l'anecdote, ce n'est pas de mon corps dont il sera question, mais du vôtre. Et comme tout me pousse à croire que vous n'êtes pas si bien que ça avec le vôtre…

L'anecdote doit devenir un tremplin pour parler de l'expérience. Ce que j'ai envie de partager, c'est mon regard sur le monde. Si je charge mes mots de qui je suis, c'est que c'est bien tout ce que j'ai. Ainsi, je tente de prouver, comme cela a souvent été dit, qu'écrire à la première personne, ce n'est pas toujours parler de soi. (Du moins, ce n'est pas uniquement cela.)

Il me faut savoir dire tout ce qu'il y a dans l'expérience qui dépasse mon histoire personnelle et qui parle aussi de vous. Méchant défi… Mais c'est à ce prix, seulement, qu'on quitte la conversation pour entrer dans la littérature.

L'engelure du réel (un schème d'hiver)

ACTE I

J'ai six ans. Premier cours de ski. Je ne sais pas que je vais tomber en amour ce soir-là. Il s'appelle Mathieu (ils s'appelaient tous Mathieu en 1985, sauf ceux qui s'appelaient Nicolas).

Le lendemain matin, comme dans un film, je réaliserai que ce Mathieu dont je suis tombée amoureuse sur une pente de ski est le même Mathieu qui partage mon casier à l'école. Le même Mathieu que je côtoie depuis quelques mois déjà et que je n'ai pas reconnu derrière ses lunettes, son casque protecteur et son nouveau manteau d'hiver.

ACTE II

Le problème, c'est que Mathieu est un garçon populaire et j'ai au moins une rivale. Elle est plus jolie (c'est-à-dire blonde et « moins grosse »). Elle s'appelle Mélanie (elles s'appelaient toutes Mélanie en 1985, sauf celles qui s'appelaient Julie).

Comme je ne peux pas vivre avec cette idée de ne pas être la préférée, j'insiste, je pousse, je tire. Avec ma subtilité légendaire, je deviens vite insupportable. De ce groupe auquel j'ai un vague souvenir d'avoir appartenu, je serai rapidement éjectée : trop lourde.

Mais quand tu te sens rejetée, tu n'arrives pas à t'arrêter : tu insistes, tu pousses, tu tires. Et tout va de pire en pire. Tu t'enfonces. Tu ne sais pas comment faire pour être aimé. Et même si tu comprenais qu'il faut vouloir moins pour avoir plus, comment on fait pour contrôler son vouloir ?

Mathieu, en garçon intelligent et sensible, restera tout de même gentil presque tout le temps. Jusqu'à un autre jour d'hiver où j'irais les espionner dans une cabane de la cour d'école. Ce jour-là il m'a crié d'arrêter, de les laisser tranquilles. C'était la confirmation de ce que je savais pourtant depuis longtemps : il ne voulait pas de moi. En plus de me sentir seule, ce jour-là, j'aurais honte.

ACTE III

Trois ans plus tard, à la rentrée, je me rappelle avoir eu un frisson en entendant nos noms défiler : nous étions les trois dans la même classe ! J'ai maintenant neuf ans, je mesure presque cinq pieds, j'ai déjà un début de seins et ces épaules de footballeur qui ne font que se confirmer. Mélanie est toujours blonde, Mathieu est toujours beau. Avec les années, les choses se sont consolidées : *they are hot, I am not*.

J'ai peu de souvenirs de cette année-là, sauf qu'à quelques reprises, Mathieu sera extrêmement gentil avec moi, allant jusqu'à me défendre publiquement devant certaines humiliations. Ce garçon est une soie, mais je n'ai jamais oublié le rejet et sa seule présence me mortifie.

Jusqu'à cet autre jour d'hiver. Nous sommes le 23 décembre, mon père doit venir de Montréal me chercher pour le réveillon, ce qui me tient beaucoup à cœur. En revenant de la récréation, quelqu'un me dit : « Avec la tempête, il ne pourra peut-être pas venir te chercher. » Dans la classe, je pleure. Assis un peu plus loin, Mathieu et Mélanie rient ensemble.

Et là je pète les plombs. Solidement. Je suis debout et je gueule encore plus fort que je pleure. Je gueule qu'ils ont toujours ri de moi, qu'ils m'ont toujours rejetée. La classe est tétanisée. Je suis en crise.

On pourrait dire que je leur crie leurs quatre vérités... Mais ce ne sont pas leurs vérités, ce sont les miennes. D'abord parce qu'ils ne riaient sans doute pas de moi. Ensuite parce que cette histoire n'a pas pour eux le poids qu'elle a pour moi. Finalement parce que s'il y a bien eu rupture des années auparavant, ces enfants ne m'ont jamais vraiment méprisée.

ACTE IV et suivants
Je traîne encore dans ma boîte de photos un petit portrait de classe de Mélanie en première année. En le retrouvant, il y a quelques années, j'ai enfin réalisé qu'il s'agissait d'une enfant. C'est que ces fantômes ont

grandi avec moi. Ils relèvent moins du souvenir que d'archétypes que j'associe au rejet et qui meublent un de mes *patterns*. Un schème récurrent, ce n'est pas un coup du destin, un karma qui nous envoie les mêmes défis à répétition : nous en sommes les premiers artisans. Inconsciemment, je suis capable dans un groupe de trouver Mathieu, de trouver Mélanie, et de rejouer la scène. À l'infini.

L'autre soir, assise dans mon salon, j'avais au ventre cette angoisse qui me semblait familière en ce début d'hiver. C'était une angoisse de petite fille de six ans qui se sent rejetée.

Une petite fille encore vivement blessée par l'engelure du réel. On ne décide pas qui voudra bien nous aimer.

L'envie d'écrire

Êtes-vous déjà tombé en amitié ? Avec certaines de mes amies, nous savons, l'une et l'autre, exactement le moment où nous sommes tombées. Avec Isabelle, c'était lors d'une table ronde organisée par l'Institut du Nouveau Monde. Au premier mot. Avec Caroline, c'était dans un corridor de la Grande Bibliothèque. On travaillait depuis un temps ensemble, mais ce jour-là nous avons franchi la frontière. Avec Natacha, à six ans, c'était sur un *See-Saw* (qui est vraiment le lieu parfait pour discuter avant d'avoir l'âge d'aller prendre un café). Elle m'a dit qu'elle était cancer et j'ai cru qu'elle était malade. Le point au cœur était si fort ; j'ai su que je ne voudrais plus la perdre. (Plus tard j'apprendrais qu'on survit à la perte.)

Il y a des moments qu'on n'oublie jamais. La mémoire les enregistre sans doute parce qu'ils s'insèrent bien dans le récit que nous nous faisons de notre vie. Au-delà de notre grand début et de notre grande fin, nous nous écrivons, au jour le jour, à coup de petites naissances et de petites morts.

Les coups de foudre sont des petites naissances. De ses amitiés nées en un éclair, aux amours qui auraient pu être. De ses coups au cœur artistiques (la première fois que j'ai entendu *Plaisirs dénudés* de Pierre Lapointe), aux grands apprentissages. Ma mémoire consciente est tissée de ces moments qui me mènent de mes cinq ans (avant c'est le trou noir) à aujourd'hui.

Parmi ceux-ci, je me rappelle précisément le moment où j'ai su que je voulais écrire. J'avais huit ans, j'étais en troisième année et mon enseignante s'appelait Renée. Nous écrivions cet après-midi-là. Le thème était peut-être « L'hiver ». J'ai l'image claire d'un court texte de cinq ou six lignes.

C'était une journée inspirée. Ma première sans doute. Je découvrais que parfois, le souffle est là, sans explication. Je me rappelle que Renée a lu mon texte devant la classe, surtout parce que j'avais écrit qu'il y avait devant chez moi « un tapis de neige ». Bon, à rebours, on se dit quand même que ce n'était pas très original. Mais j'avais huit ans! Et mon enseignante était manifestement impressionnée par cette percée vers la métaphore. Ça, c'est la partie « reconnaissance » du souvenir : j'ai voulu écrire parce que j'ai senti que j'avais ce qu'il fallait pour me faire entendre.

Mais ce n'est pas tout. Ce texte inspiré que j'avais écrit rapidement m'a pourtant donné du fil à retordre. Il commençait par « Quand... » Mais comment écrire « quand »? Quant, qu'en... ? J'ai dû remettre mon texte cinq fois. Chaque fois, Renée m'a retournée à mon dictionnaire sans vouloir me donner la réponse. Chaque fois, j'ai essayé une nouvelle forme (quitte à tenter des formes ridicules – « quent » – par désespérance et à chercher du côté des mots qui commencent par K). Je ne trouvais pas « quand », qui avait le grand défaut d'être au bas de l'autre page dans mon dictionnaire. Quand (!) j'y suis finalement arrivée, j'étais au bord de l'exaspération.

Je ne veux pas faire de la morale à deux cennes, mais ce souvenir qu'on peut qualifier d'impérissable (s'il est encore là vingt-quatre ans plus tard!) ne serait sans doute pas le même s'il n'avait pas deux faces : l'effort et la fierté. Fierté double : celle d'avoir été reconnue dans « mon talent » et celle d'avoir vaincu l'adversité. Je n'ai plus jamais oublié ce qui distingue « quand », « quant » et « qu'en ».

Ma seconde rencontre avec l'écriture viendra l'année suivante, la première fois qu'on me demandera d'écrire un poème. La cérébrale en moi aimera surtout le jeu : chercher des mots qui riment!

Tout ça pour dire que, contrairement à ce qu'on entend souvent au sujet des écrivains, mon envie d'écrire n'est pas venue directement de mon goût pour les livres (qui date de la plus petite enfance). Mon envie d'écrire n'est pas venue d'une envie de faire des livres (c'est venu après). Encore moins d'une envie de littérature ou d'idées (ça viendra dans la vingtaine seulement). Mon envie d'écrire est venue d'un goût pour le travail des mots, d'un besoin d'être reconnue et d'une intuition que ce serait ma meilleure façon d'y arriver.

Ce jour-là, je suis tombée. Ni en amour, ni en amitié. Je suis tombée en écriture. Et ne m'en suis jamais relevée.

Revenir de loin

Parmi ma tribu Twitter, un des *running gag* c'est qu'il faut être patient avec moi en matière de goûts musicaux, parce que je reviens de loin. Il y a toujours un peu de crue vérité dans les blagues qu'on fait sur soi-même : c'est le double fond de l'autodérision.

Il est vrai qu'en matière de goûts, je reviens de très loin... C'est que pendant une longue période de ma vie, des goûts, je n'en avais pas vraiment.

Entre la petite enfance et la mi-vingtaine, j'ai développé une série de comportements compulsifs qui avaient pour principal motif de me soustraire à la nécessité de faire des choix. Une formule mathématique pour choisir ce qu'on mange au resto, une autre pour décider comment s'habiller le matin. Je lisais le premier livre dans la bibliothèque (classée par formats). J'écoutais ma discothèque en ordre alphabétique. Pendant l'essentiel de ma vie (avec une parenthèse pour quelques passions monomaniaques de groupie finie) je n'ai pas su répondre à la question « Qu'est-ce que t'aurais envie d'écouter ? » Comprends pas. Envie ?

Mes compulsions n'ont jamais nui à ma vie active parce que j'ai toujours su les dissimuler. Ma vie était, depuis toujours, remplie de règles aussi absurdes qu'arbitraires qui encadraient mon quotidien, mais personne ne le savait. Le fait d'avoir vécu très seule m'a beaucoup aidée. Je me rappelle avoir été confron- tée à mes manies surtout quand j'avais des hommes dans ma vie, comprenant ainsi que c'est dans l'inti- mité que les masques tombent. Un matin, le gars m'a demandé : « Qu'est-ce que t'as envie d'écouter ? » Tout ce qui me venait, c'est : « J'étais rendue à la lettre D. » Je ne pouvais pas dire ça. Les gens me trouvaient déjà bizarre de classer mes CD par ordre alphabétique, j'allais pas en plus leur dire que je ne dérogeais jamais de l'ordre, album de Noël en juillet compris !

Mais un jour est arrivé Pierre Lapointe. Je l'avais entendu quelques mois avant à la télévision et j'avais été subjuguée. J'attendais avec impatience la sortie du CD. Mon *discman*, sur le mode aléatoire, a choisi comme première pièce *Plaisirs dénudés*. J'étais dans le train de banlieue et j'ai craqué. Ça, j'aimais ça ! Pas de doute. Ça, c'était pour moi, fait pour moi, écrit pour moi. Nous étions en 2004.

Je me suis jetée sur le *Voir* qui mettait Pierre Lapointe en vedette. Je suis allée sur le site pour écrire combien j'aimais ça. À l'époque, il y avait un système d'enchères avec des jetons. En bonne com- pulsive, quand on me met un jeu entre les mains... Je me suis donc mise à commenter autant que possible pour avoir des chances de gagner. Gagner n'importe quoi. Je misais sur tout. De toute façon, je ne connais- sais rien. Je voulais juste en bouffer. Je voulais de la culture même si je ne savais pas ce qui me plaisait. Je réalisais qu'au final, ça me plaisait d'y être confrontée.

J'ai commencé à acheter des disques. Toujours celui qui avait la plus haute cote dans le *Voir*. Je n'étais pas encore capable de me demander de quoi j'avais envie, mais j'étais capable de me dire que c'était important, avec le peu d'argent que j'avais, d'acheter une chance d'être touchée.

Voir m'a surtout forcée, par son système de commentaires, à me demander : aimes-tu ça ? Pourquoi ? Pour obtenir le maximum de jetons, fallait en mettre un peu. Pas moyen d'être chiche. J'ai fait cet exercice avec un zèle qui trahissait mon côté obsessionnel, mais au moins, je disais quelque chose. Petit à petit, à vingt-cinq ans, j'avais des goûts naissants.

À la même époque, j'ai viré *Notre-Dame-de-Paris* de ma table de chevet. Depuis neuf mois je ne lisais rien parce que j'étais rendue à lire ça, et Victor Hugo, ça m'emmerdait. Comme une de mes règles disait qu'on n'abandonne jamais un livre, je ne lisais plus. Il ne m'était jamais venu à l'esprit de le remettre dans la bibliothèque.

J'ai aussi fait un ménage dans ma discothèque. Je n'ai pas arrêté tout de suite l'ordre alphabétique, mais je me suis au moins départie de ce que je me forçais depuis longtemps à écouter et j'ai commencé à ranger les albums de Noël l'été.

Aujourd'hui, j'ai encore un paquet de règles débiles qui, un peu inconsciemment, régissent ma vie, mais je ne me forcerai pas à en respecter une si l'envie n'y est pas.

Ainsi, *Voir* et Pierre Lapointe allaient contribuer à faire entrer la culture et l'opinion dans ma vie. Faire entrer la notion de goût (pas comme dans « avoir du goût », mais comme dans « avoir le goût ».)

Alors, à ma tribu que j'adore (pas besoin d'une formule mathématique pour ça), je voudrais dire que c'est vrai que je n'aime pas trop Radiohead. Mais je reviens de tellement loin, que c'est une méchante bonne nouvelle.

La vie par procuration, version 2.0

La vie par procuration n'est pas née avec le 2.0. Quand on y regarde de plus près, le Web réinvente moins les rapports humains qu'il ne les exacerbe. Il bonifie sans doute certains d'entre eux, mais au final il me semble surtout qu'il les empire. (Je ne prêche pas pour le retour à la correspondance à la plume, mais puisque l'innovation draine avec elle son lot d'enjeux, vaut mieux les regarder en face.)

Nous avons une image assez claire de ce qu'est une groupie (il semble que sur ce thème, le féminin l'emporte haut la main!). La groupie perd ses moyens devant son idole, elle peut même s'évanouir. La groupie jouit presque quand son idole parle, chante, bouge, danse... et à plus forte raison s'il la touche! La groupie court les autographes, les photos de vedettes, les magazines à potins et toute source d'information qui lui permet d'avoir l'impression de connaître quelqu'un qu'elle ne connaîtra jamais. On comprend que le 2.0 lui ouvre des possibilités jusqu'ici insoupçonnées.

Surtout que certaines vedettes jouent la carte de la transparence : leur compte Twitter n'est pas une simple vitrine de produits, mais un vrai journal de bord. Ils discutent, répondent, accueillent critiques et compliments. Un bel espace pour la groupie qui veut apprendre à connaître son idole. Quand vous croiserez celle-ci dans la rue la prochaine fois, vous pourrez lui parler de telle blague qu'elle a faite, des premiers pas de son enfant, de son souper de Noël ou du dernier film qu'elle a vu. Pratique! Une source inépuisable de phrases pour briser la glace.

J'ai été adolescente moi aussi. J'ai dormi dehors en plein hiver pour voir de près Jon Bon Jovi. J'ai embrassé, en mon temps, mon affiche des New Kids on the Block. À dix ans, j'ai même pleuré toute une nuit parce qu'on m'avait dit que Roch Voisine était gai, ce qui contrecarrait gravement mes projets d'avenir.

Mais même adolescente, et membre du Fan Club de Bon Jovi, je regardais les photos des admiratrices finies de vingt-cinq, trente ou quarante ans dans la revue du Club et je me disais: « *Get a life!* » J'étais déjà lucide et il me semblait bien que malgré l'intensité de ce que je vivais, ça devait s'arrêter avec la vie adulte.

Alors, on vieillit et le groupisme meurt? Non!

On vieillit et on réalise que le système solaire québécois est tout petit. On change et on devient une groupie *chummy-chummy*. On se la joue cool et au-dessus de ces affaires-là. Pour la groupie *chummy-chummy*, la vedette québécoise n'est pas quelqu'un de différent, même pas quelqu'un d'intimidant. Cette groupie-là n'établit pas de distance. Elle ne court pas vers son idole quand elle le croise dans la rue, mais lui sourit d'un air complice. Elle ne veut pas de photo autographiée, mais rêve de se faire inviter pour une vraie discussion autour d'un café. La groupie *chummy-chummy* connaît aussi une nouvelle vie grâce au 2.0. Une vie qui est faite de défis : il va me répondre, elle va me *retweeter*, elle va me suivre, il va devenir mon «ami».

La groupie *chummy-chummy* méprise la groupie traditionnelle, parce qu'elle se sent plus intelligente. Intelligente ? Sans doute. Équilibrée ? Peut-être pas. D'une groupie à l'autre, un seul constat : un putain de grand vide. Un vide abyssal.

Je suis des centaines de personnes sur Twitter. De ce nombre, le quart sont des personnalités publiques. J'y inclus des acteurs, des humoristes, des écrivains, des journalistes. En tout cas, ce sont tous des gens que je ne connais pas et que je suis parce que leur art et leurs réflexions m'intéressent. Et leur vie aussi, finalement. Un peu. Beaucoup même, parfois.

Il m'arrive de me surprendre à parler de quelqu'un comme si je le connaissais. Il m'arrive de m'étonner de cette impression, fausse, de proximité. Il m'arrive de trouver que tout ça prend beaucoup trop de place dans ma vie. Il m'arrive de penser que je ne dois pas être seule dans ce cas. Non ?

Il m'arrive surtout de me dire qu'une groupie civilisée n'est encore qu'une maudite groupie.

À deux doigts de la maladie mentale. Cachée dans un désert de relations fictions.

Une vie par procuration.

Petite colère pour un monde sans sentiments

Il s'appelle Pierre Desjardins et c'est comme philosophe qu'il signait une lettre ouverte dans *La Presse*[1] sur les changements induits par les médias sociaux dans nos vies. Son argumentaire est tellement énorme qu'on se demande même s'il vaut la peine d'y répondre, mais j'aurais quelques considérations d'ordre philosophique, justement, à partager sur sa réflexion.

Réglons d'abord un truc futile : il ne sert à rien de revenir sur la question, un ami Facebook n'est pas toujours un ami ! Le cas semblait réglé depuis belle lurette, mais parfois il faut insister.

Passons donc à l'essentiel, comme quand l'auteur écrit : « Alors qu'autrefois, l'amitié était un partage de sentiments entre deux individus, il est devenu aujourd'hui [...] un partage d'opinions. » C'est plutôt paradoxal puisqu'il me semble en fait que plusieurs abonnés Facebook partagent surtout des affects et des états d'âme (et des photos de vacances, et d'enfants, et de chats), cherchant sur les réseaux sociaux une résonnance affective justement. Les réseaux

---

1. Pierre Desjardins, « Fini les cœurs brisés », *La Presse*, 9 janvier 2012.

permettent l'échange d'information, essentiellement écrite. Est-il impossible de partager des sentiments par écrit? Ce serait déroutant de l'apprendre maintenant, des gens s'y risquent depuis fort longtemps...

Plus déconcertant encore: « Autrefois [...] l'ami pouvait partager des opinions tout à fait différentes de nous que cela n'entravait nullement notre amitié. » Pourtant, l'histoire me semble plutôt faite d'époques où les idées (politiques, religieuses, morales, etc.) étaient encore plus tranchées et pendant lesquelles des amitiés inter-claniques n'étaient pas la chose la plus aisée. Alors quand on dit « autrefois », on parle de quand?

J'ajouterais quelques questions subsidiaires: Depuis quand opinions et sentiments sont-ils antagonistes? Où insère-t-on les valeurs dans ce spectre? Doivent-elles être prises en compte dans l'amitié (comme sentiments) ou rejetées (comme opinions)?

Passons donc à l'autre grand sentiment qui intéresse l'auteur: l'amour. Ça commence fort: « L'amour d'autrefois, celui avec un grand A... » Je me répète: autrefois quand? Les années 1970, peut-être, cette époque bénie de la commune? Les années 1940 de mes grands-parents pris en Abitibi dans un couple insatisfaisant, mais unis par des liens sacrés? Le XIXe siècle? Le XVIIIe? Il n'est sans doute pas question ici des mariages arrangés! Peu importe, semble dire l'auteur, les choses amoureuses ne sont pas comme autrefois...

... et elles vont mal. Les réseaux sociaux seraient responsables du désengagement puisqu'ils multiplient les possibilités en créant l'impression d'un *fast food* relationnel. Il y a là un aspect intéressant : les réseaux de rencontre ont sans doute contribué à cette impression d'infinies possibilités. Mais l'outil est-il la cause ? Rien n'est moins sûr. Au début de ma vingtaine, il y a près de quinze ans déjà, nous discutions de la peur maladive de l'engagement chez plusieurs personnes de ma génération. Je crois que mes amis de la génération X pourraient même témoigner que cette vague de désengagement et de multiplication des relations était déjà en marche à leur époque. Hypothèse : y aurait-il là un enjeu de valeurs qui trouve son miroir dans un outil technologique plutôt qu'un outil technologique qui engendre une crise de valeurs ?

Ce qui est amusant, c'est que l'auteur en conclue que l'époque des cœurs brisés est révolue. En multipliant les rencontres, nous éviterions de nous faire mal. Étonnant ! J'ai toujours entendu dire l'inverse : on se brise le cœur à répétition et on y récolte désarroi et déception. Vu comme ça, le mariage à vie n'était-il pas, après tout, le meilleur palliatif aux cœurs brisés ?

Entendons-nous, les réseaux sociaux transforment radicalement les interactions sociales, c'est indéniable. Mais s'ils sont intéressants à étudier, ils relèvent à mes yeux plus souvent du symptôme que de la cause. À les démoniser, on oublie que les relations n'étaient pas exactement idéales autrefois (le flou du mot « autrefois » est volontaire).

En effet, la rumeur veut qu'il y ait eu, dans un certain passé mal défini, pas mal d'hommes dans des tavernes, de femmes au téléphone toute la soirée, de couples plongés dans le silence, d'amitiés déchirées par la politique, d'amitiés déchirées par des amours, de relations compliquées (même s'il n'était pas convenable d'écrire « It's complicated » sur un pic rocheux!).

Paraît même qu'il y avait des gens volages...

L'histoire ne dit pas comment ils faisaient pour se trouver. Ils ne pouvaient même pas se *poker*.

L'œuvre fondatrice
(hommage à Gilles Jobidon)

Ces temps-ci, je suis replongée dans le premier roman de Gilles Jobidon, une relecture comme un pèlerinage. Ce livre magnifique qui, en 2003, remportait le prix Robert-Cliche, me rappelle la jeune femme que j'ai été, celle qui a noyé son adolescence scribouilleuse dans des études de science politique.

Un jour, quand j'avais seize ans, le besoin de voyager fut plus grand que le besoin d'écrire. Après, je ne sais plus, je me suis égarée dans les journaux, dans la théorie politique et dans les dissertations. J'ai dérivé loin de la littérature jusqu'au jour où j'ai eu des fourmis au cœur sans savoir par où trouver ma voix. Comment rattraper le temps perdu?

Et puis j'ai rencontré ce livre. Nous étions en 2005 ou 2006. Une amie croyait que ça allait me plaire.

Ça aurait pu se contenter de me plaire, sans doute. Mais ce fut plus que ça. Ce fut une rencontre fondatrice.

J'ai refermé *La route des petits matins* et je me suis dit: «On peut écrire comme ça. Vraiment?» Ça semble naïf, mais Jobidon venait de m'accorder une série de droits qui étaient nécessaires pour que je reprenne de la plume: le droit d'écrire en fragments, le droit d'écrire sans dialogue, le droit de malmener certaines généralités grammaticales, le droit d'écrire poétique.

Le droit, même, d'écrire des phrases qu'on ne comprend pas toujours. Des phrases qui parlent à un autre niveau de conscience. « Penser à maître Wou. Penser à maître Wou. Précieux, précis, le grand héron perce ton regard. Tes yeux noyés dans le ciel. Son œil noir bagué d'or. Sa robe de plumes pâles illumine le soir d'orange. Tu n'as plus mal. Tu n'as plus peur. L'abîme est une feinte du ciel[1]. »

En relisant cet ouvrage pour la première fois en plusieurs années, je n'ai pas éprouvé la même fascination béate. Aujourd'hui, certains tics d'écriture m'agacent. C'est qu'entre-temps, j'ai beaucoup lu. Mon œil s'est affiné. Plus on consomme d'art, plus on devient critique.

Mais j'ai tout de même retrouvé un style fort. Et au détour, les traces de la jeune femme que j'étais, en quête d'un droit essentiel : celui de m'exprimer à ma façon. D'écrire la vie comme je la sentais : fragmentaire, échevelée, hors du quotidien, dans les profondeurs, parfois inintelligible pour un œil cartésien.

« Comme on le fait pour un instrument de musique, j'essaie d'accorder les mots en lumière,

---

1. Gilles Jobidon, *La route des petits matins*, Montréal, VLB, 2003, p. 91.

attendant qu'ils s'éveillent dans le presque livre, encore endormi. Ces mots, comme une longue courbe d'encre, un pont lancé au travers de nous. Je ne sais pas où je m'en vais avec mes gros sabots de mots. Là n'est pas l'important. Le voyage se fait entre les pas[1]. »

Je n'ai jamais rencontré Gilles Jobidon. Si jamais quelqu'un vous entraîne jusqu'ici, monsieur, je vous dirai merci. C'est bien peu si on considère, sans flagornerie, que vous êtes de ceux qui m'ont permis de comprendre que j'avais tout en main pour me construire une vie qui me ressemble.

---

1. *Ibid.*, p. 27.

Semprun ne me donne pas envie d'écrire

J'entends régulièrement dire que les douleurs ne se comparent pas.

Comme souvent quand il s'agit de proposition péremptoire, c'est vrai et faux à la fois.

Ce qui est vrai, c'est que les conditions matérielles d'existence n'ont pas de rapports directs avec la survie de l'âme, ou du sens, ou que sais-je. Du moi finalement. Il est faux de réduire la douleur psychologique de quelqu'un sous prétexte qu'il a la panse pleine ou des succès amoureux. Du mal à l'âme, il en pousse dans toutes les terres.

Ce qui est faux, c'est qu'il existe tout de même des échelles de douleurs. Des maux plus grands que le mal. Des événements extrêmes. Le Mal radical. *Das radicale Böse.*

Lire *L'écriture ou la vie* de Jorge Semprun, c'est toucher du bout du doigt la peau, la membrane de ce Mal dans lequel nous ne pouvons être admis. Et ce qui est fou (et sans doute inavouable), c'est que quelque chose au fond de nous envie ceux qui ont approché cette zone interdite. (J'allais dire «zone grise», mais le mot serait faible. Parce qu'elle n'a rien de gris cette zone. Elle pourrait être rouge à la limite, ou blanche, mais certainement pas dans la nuance. Gris cendre. Gris concentration. Gris crématoire.) Nous n'envions pas la douleur, bien entendu, mais l'accès à l'interdit, à l'unique, à l'extrême. Le monde qui semble irréel et qui pourtant fut. Ce réel historique que nous ne connaîtrons jamais que par le témoignage de ceux qui en sont revenus.

Lire Semprun ne me donne pas envie d'écrire. Parce qu'il me fait me demander : qui suis-je pour écrire sur la mort ? Qu'en sais-je ? Qu'en puis-je dire, de toute façon, qui n'a pas été dit cent fois ? Bien entendu, ces doutes-là naissent à la lecture d'une grande œuvre et fondent plus tard. Puis, on écrit son petit roman mineur parce que ça fait du bien... parce que ce n'est déjà pas si mal.

Lire Semprun me rappelle aussi que je suis un animal politique. Que j'aurais, théoriquement du moins, les connaissances pour faire de la littérature des extrêmes, de la littérature historique, ou géographique, ou exotique ! De la littérature de guerre. Mais je n'ai jamais su faire de la littérature avec ça. Il y a chez moi ce mur étanche entre le politique et la poétique et j'ai du mal à trouver les mots pour le traverser. N'est pas Thierry Hentsch qui veut.

Thierry Hentsch était mon directeur de thèse. C'était aussi un grand intellectuel québécois méconnu. C'était un poète du politique. Il est mort pendant que j'étudiais avec lui. Il est mort sans me dire qu'il allait mourir. À lire Semprun, à lire sur la mort, je pense à mes morts justement. Thierry avait lu Semprun, sans aucun doute. J'aurais voulu en discuter avec lui. Mais il était dans ma vie à un moment où je ne lisais pas vraiment et je ne savais pas encore parler. Je gobais sans jamais restituer. Rien.

Les phénomènes extrêmes – et la mort, même à l'échelle intime – ont cela d'étrange qu'ils apparaissent toujours comme un rêve. L'acuité du sentiment qu'ils procurent – peine, joie, colère – est éphémère. On oublie constamment que nos morts sont morts. Et périodiquement, cette vérité refait surface avec sa marée suffocante. Avec le temps, on oublie de plus en plus souvent.

Des fois je pense à Thierry, j'y pense avec chaleur, avec plaisir, avec intelligence. Et longues sont les secondes avant que la vague frappe, lucide : il est mort ! Impensable, mais il est mort. Et Thierry n'était que mon professeur. Je pense à ceux qui sont frappés dans leur très intime. La force de cette vague, sans aucun doute, qui terrasse l'oubli nécessaire à la survie.

Lire Semprun, c'est ça. C'est une vague. Bien sûr, on sait l'Holocauste. Comment l'effacer ? Bien sûr.

On sait. Gris cendre. Gris concentration. Gris crématoire.

On sait. Mais on a un peu oublié.

Lire Semprun, c'est ça. Un raz de marée contre l'oubli routinier.

Café de flore: de la triangulation au pardon

Certains diront que trop d'esthétique tue l'émotion. Je ne peux pas comprendre, moi qui verse des larmes quand Sean Penn marche dans l'eau à la fin de *The Tree of Life*, le dernier film de Terrence Malick. Moi qui craque pour un éclairage dans un spectacle de danse. Moi qui, devant le silence poli de mes covoitureurs, soupire de beauté devant la lumière changeante sur les champs qui bordent la 417 dans l'est de l'Ontario. Trop esthétique pour être touchant?

Café de flore est effectivement un film esthétisant et complexe. Intellectuel dans son scénario, parfois trop symbolique dans ses dédales, mais organique dans sa lumière et sa photo. C'est par là justement qu'il m'a tuée, un peu. Parce qu'il parle directement à l'inconscient.

Mon problème devant ce film, c'est que je ne sais pas ce qu'il est correct d'écrire. Ou pas. Est-ce que ça s'écrit qu'une fois dans le silence de ma voiture, j'ai crié tellement fort que je me suis étonnée de trouver tout ce souffle en moi?

Flash: Je repense à cette scène où la petite met le son de la musique un peu fort. Son père sursaute et fout du lait partout. Elle rit. Il crie. Elle crie en réponse: «Toi pis ton ostie de guidoune!» Est-ce que ça s'écrit, ça? Elle lui dit: «T'es un trou-de-cul!»

Je ne sais pas si ça s'écrit, mais ça ne se dit pas. Je n'aurais jamais dit un truc comme ça. J'ai dit « Va chier! » une fois, et j'en entends encore parler. J'ai dit « Tu radotes... » aussi, puis je me suis fait engueuler. J'avais neuf ans et ma prof disait toujours qu'elle radotait. Je trouvais que c'était un joli mot un peu savant. Me suis quand même fait engueuler. On ne dit pas ça, des choses comme ça. (On parle moins souvent de ce qu'on m'a dit à moi. On n'en parlera pas aujourd'hui non plus. Tout ne s'écrit pas. Mais quand un enfant se prend pour un adulte, ça n'excuse pas les adultes de ne pas le prendre pour un enfant.)

Les dynamiques relationnelles sont très justes dans le film de Vallée. Dans les deux trames parallèles, il m'a semblé que les névroses des uns et des autres s'imbriquent parfaitement. L'humain se raconte moins par ses qualités et ses défauts que par ses relations. On trouve toujours quelqu'un qui a la névrose concave là où la nôtre est convexe. Ça me rappelle un ami qui m'avait dit : « Ce n'est pas compliqué : j'ai besoin d'attention, tu as besoin de te sentir indispensable. » C'était malsain, mais, en effet, pas très compliqué.

C'est pour ça que je n'ai pas été indisposée par le tournant ésotérique du scénario. J'y ai surtout compris que nos relations sont parfois des prisons dont on tend à oublier les fondements. J'ai le sentiment d'avoir eu, en plus de trente ans, des dizaines d'incarnations différentes, à commencer par cette enfance raboteuse par laquelle j'ai toujours du mal à me sentir concernée. J'en parle chaque fois avec un bras de distance, relativisant certaines évidences par souci d'objectivité. Comme si je ne savais pas que c'est là que poussent bien des racines de ce que je construis (et de ce que j'ai envie de détruire aussi…).

Flash : Scène magnifique où l'ex se pointe dans la porte vitrée. Scène pivot, scénario sur un fil. Tout peut advenir. Scène qui résume toute la dynamique vicieuse des triangles : les trois se sentent coupables. Mais qui doit pardonner ? À qui et pourquoi ? Par où commencer ? Quelqu'un choisira le renoncement. Renoncer c'est aussi, parfois, une façon d'aimer. (Est-ce que ça s'écrit que je voudrais expurger les triangles de ma vie ? C'est une épidémie. Comme des champignons que tu crois avoir éradiqués, mais qui se multiplient. Sous la peau.)

En sortant du cinéma, je n'aurais pas su clairement dire ce qui me bouleversait. Je n'avais en tête que cette idée troublante : avec le temps, j'ai vraiment gagné en volonté, mais j'ai si peu guéri. À peine cicatrisé. Je suis rentrée chez moi, seule, et presque soulagée de ne pas avoir quelqu'un à qui je devrais m'expliquer. Au milieu des souvenirs soulevés par le film, le cuisant rappel d'une phrase reçue il y a quelques mois et conservée comme un post-it au plexus : « Il faudra bien, un jour, que tu en viennes à nous pardonner. »

Histoires de famille

Je ne crois pas qu'il y a un bon modèle de famille. Un qui fonctionne mieux qu'un autre. Je crois qu'il y a des essais et des erreurs partout, des caractères, des chocs, des fusions. Je crois surtout que certaines blessures, certaines peurs fondamentales nous façonnent et qu'on passe l'essentiel de notre vie à broder autour. Je ne pense pas que le nombre de parents ou de frères et sœurs cause plus ou moins de blessures et de peurs. Mais ce sont des facteurs qui nous façonnent.

Ça remonte ces temps-ci. Des cendres d'inconscient, qui après avoir dormi pendant des années, se remettent soudain à faire de la boucane, à t'envoyer des signaux. Y a des gens qui sont débarqués en périphérie de ma vie. En fratrie. Y a aussi un roman de Siri Hustvedt[1] (sur lequel je reviendrai). Cette femme écrit, dirait-on, pour faire lever les galles d'âme auxquelles je n'avais plus touché depuis longtemps.

J'ai peu de souvenirs avant cinq ans. Celui-ci m'est revenu récemment. Je me souviens surtout de mon sentiment. Nous sommes pressés, ma mère m'attend, mais je viens de comprendre un truc hallucinant et j'aurais besoin de quelques minutes encore pour bien

---

1. Siri Hustvedt, *Élégie pour un Américain*, Arles, Actes Sud, coll. Babel, 2010, p. 179.

l'intégrer. Je freine le mouvement parce que je voudrais m'arrêter dans le hall d'entrée de la garderie pour être certaine d'avoir bien compris les implications de cette nouveauté. Jean-Philippe et Alexandra, qu'on a fêtés aujourd'hui, ont les mêmes parents. Ils sont jumeaux. Pas identiques. Un garçon et une fille.

Alors pour moi, tellement unique, voilà une idée fascinante. Bien sûr, j'avais vite compris que certains autres ont des frères et des sœurs. (La plupart du temps, ça semble surtout emmerdant.) Mais eux, c'est un peu différent. Mon intuition me dit qu'ils ne sont pas juste ensemble. Ils sont ensemble avec des majuscules. Alors je freine le mouvement dans l'entrée de la garderie pour les regarder avec de nouveaux yeux.

Contrairement à ma propre enfance, j'ai des souvenirs très clairs de celle de mon demi-frère (né quand j'avais presque huit ans). Le moment où j'ai appris la grossesse, sa naissance, la première fois qu'il m'a offert une galette de riz pleine de bave. Ma passion pour lui. Je me rappelle aussi avoir raconté à ma mère, en rentrant d'un week-end, que nous avions passé une belle soirée d'été sur la galerie avec mon père, sa blonde et mon petit frère. Je m'étais sentie «comme dans une vraie famille». Je me rappelle clairement la culpabilité qui m'a pris la gorge au moment où je prononçais ces mots. Je me rappelle le regard blessé de ma mère. Je me rappelle avoir su qu'il ne fallait pas dire ce que je venais de dire. Je me rappelle mon sens inné de la censure et ma peur de blesser.

Je me rappelle aussi le moment où mon père m'a annoncé qu'il se séparait et ma peur de ne plus voir mon frère. Je me suis récemment rappelé avoir écouté, à répétition, la dernière chanson de la face B du disque de René et Nathalie Simard. Une chanson par un frère et une sœur, une chanson qui s'intitule *Prends soin de toi* et qui dit (entre autres) : « J'entendrai ta voix, même si, la vie m'éloigne de toi... »

On ne sait jamais clairement ce qu'on traîne de son passé ou ce qu'on construit pour y faire face. Avant que remonte ce souvenir, je n'avais jamais pensé qu'il pouvait y avoir un lien entre mon petit frère et la passion que j'ai pour les petits garçons (bien plus que pour les petites filles). Comme si je récupérais un peu du temps que j'ai eu l'impression de perdre avec lui (parce que la vie est la vie).

Je ne crois pas qu'il y ait un modèle familial gagnant qui fait à tout coup des enfants heureux, seulement que nous nous construisons autour de nos failles et de nos monts. La fascination que j'ai pour les fratries parle de l'absence, mais aussi du silence. Le dense silence de cette maison dans les bois où, seule, j'ai grandi. Ce silence et cette solitude, je les cultive encore jalousement en disant qu'ils sont des choix.

Il m'arrive parfois d'oublier que certains de mes choix relèvent de profonds conditionnements.

Grande Ourse : la constellation chochotte

J'ai sept ou huit ans. Ma chambre est grande et toute blanche. La pièce principale débouche sur une chambrette. Une, deux marches et on descend dans le petit boudoir, tout vitré. Paradisiaque. Il est mal isolé, mais donne directement sur la forêt laurentienne. Toute cette maison sent le bois. Les portes célèbrent encore l'ancienne auberge et les chambres sont identifiées par les lettres A, B, C. La mienne, c'est la C. J'en ai mis du temps à comprendre que ce n'était pas pour « Catherine ».

Ma chambre est grande et depuis quelque temps on a tout chamboulé. Je dors dans le boudoir. Drôle d'idée, c'est la pièce la plus froide de la maison centenaire. Les fenêtres sont gigantesques, mal calfeutrées. Chacune est un amalgame de trente-deux petits carreaux. Au premier coup d'œil identique aux autres, chacun a pourtant sa personnalité. Des défauts mineurs qui comme des empreintes personnalisent l'individu coincé dans la masse. J'en ai passé des moments d'enfance solitaire à les détailler.

La dizaine de couvertures posées sur moi pour me faire traverser la nuit au chaud m'oppressent. Je m'endors difficilement et immanquablement le froid me réveille. Les couvertures trop lourdes s'obstinent à rejoindre le sol en groupe, synchronisées. Un peu trop faible j'essaie de refaire le lit sans me réveiller vraiment. Je sais ce qui m'attend si j'ouvre les yeux.

Il est trop tard, déjà la conscience reprend son territoire. J'ouvre les yeux. L'horreur. La nuit noire et l'infini. Les arbres font des bruits et des ombres étranges. Chaque fois que la chatte bouge ou que ma mère ronfle dans la chambre voisine, les planches de la maison geignent. S'il vente un peu, j'ai l'impression que je vais me réveiller dans des ruines de guerre.

Mais le pire, c'est la lumière. J'avais vu un film de Disney dans lequel des gens déménageaient dans une grosse maison près d'un obscur boisé. (Il faut être téméraire pour déménager dans une vieille maison près d'un tel endroit...) Je n'ai jamais regardé ce film jusqu'au bout. Je sais uniquement qu'une étrange lumière incandescente surplombait le boisé la nuit. J'ai passé des nuits à chercher l'équivalent dans ma forêt. Je l'ai trouvé chaque fois, quand les phares d'une voiture égarée éclairaient la forêt, ou qu'une pleine lune l'illuminait plus que de coutume. Ou l'été, chez une pauvre luciole que j'exorcisais le mieux possible. Presque chaque nuit j'ai trouvé la lumière qui enfonçait le clou de l'effroi, et jusqu'à beaucoup trop tard j'ai rejoint ma mère qui grommelait dans son lit. On endurerait n'importe quel ronfleur pour ne pas dormir seul en proie aux dangers innommables.

Vingt ans plus tard, il m'arrive de me demander pourquoi personne n'a pensé poser des rideaux dans cette chambre froide. Et je suis toujours aussi chochotte. Dans ma belle maison de banlieue, dans ma cuisine en céramique jaune et bleue, j'ai regardé Grande Ourse sur la petite télévision en me tenant dans le cadre de porte. Assise trop près, l'angoisse devenait insoutenable. Je me suis levée pour allumer quelques lampes et verrouiller la porte. Je pense faire signer une nouvelle charte de colocation : rotation de la part de mes colocataires pour assurer une présence à la maison le jeudi soir. J'ai appelé ma mère pendant la pause. Je l'imaginais très bien couchée dans son grand lit, le nez sous les couvertures, branchée sur la même histoire que moi.

— Maman, j'ai peur.

— Moi aussi...

J'ai pensé à toutes les fois où je l'avais rejointe la nuit. Elle murmurait du fond de son rêve : « Qu'est-ce qu'il y a, Catherine ? » J'invoquais le froid ou le sommeil léger. Je n'ai jamais parlé de la peur. Et pourtant, aucun doute n'était possible. J'étais morte de trouille. Elle rechignait pour la forme, des fois même elle criait parce que je grouillais trop. Je me suis revue de plus en plus grande, dormir les fesses serrées, recroquevillée vers le versant du lit pour essayer de la déranger le moins possible. J'ai réalisé soudain que j'ai toujours voulu éviter de déranger avec mes peurs stupides. Celles de la nuit, mais celles du jour aussi. J'ai réalisé toutes les censures à travers les années pour ne pas l'inquiéter. Ça m'aura pris vingt ans pour comprendre.

Comprendre qu'elle aussi, elle devait trouver sa chambre bien vide. Qu'il ne devait pas être si désagréable d'avoir son grand bébé dans son lit les nuits d'hiver.

Vingt ans pour comprendre que, souvent, la nuit, les mamans ont peur elles aussi.

Tout ce qu'on doit (à ceux qui partent)

On s'y attendait parce que les ans impriment leur trace même sur les hommes qui ne vieillissent pas. On s'y attendait parce que les accidents se succèdent et tracent un sillon. On s'y attendait parce que la vie – dans le sens de «qualité de vie» – allait s'amenuisant. On s'y attendait parce que l'âge. Et il faut bien. C'est ainsi.

Mais on ne s'y attend jamais, en même temps. Parce que les géants sont ce qu'ils sont. Solides, colosses, ancrés. Comme des pics rocheux. Éternels. Les géants sont grands quand vous êtes enfant, ils restent grands pour la suite aussi. Les géants semblent souvent hors du temps. Et on se laisse berner.

Claude était mon ami. Un ami silence. Un ange géant.

Claude me connaissait depuis tout le temps. Il ne m'a pas tricotée, mais il a été un de ceux, autour, qui ramassaient les mailles que mes parents parfois échappaient. Pas de leur faute; tous les enfants ont des mailles qui pendent... Si seulement tous les enfants avaient aussi des anges géants. Des anges qui aiment inconditionnellement, qui prennent soin sans dire un mot de trop.

Comme devant tout départ, mon premier réflexe en est un de culpabilité. Tout ce qui n'a pas été, tout ce que j'aurais pu faire. J'aurais dû dire plus. J'aurais dû mieux écouter. Nous aurions dû parler. J'aurais dû le faire raconter. J'aurais dû lui demander Trinidad. J'aurais dû lui tirer les vers du nez. Mais notre relation n'était pas comme ça, elle était contemplative, complice, intérieure. C'était peut-être ça qu'il voyait en moi. Peut-être qu'il savait au fond que nous avions ça en partage : un puissant sens de l'intériorité.

Comme devant tout départ, ma deuxième pensée est pour tout ce qu'il m'a légué. Tout ce qu'il a rendu possible, sans quoi je ne serais pas tout à fait moi.

Claude meurt et je réalise que je lui dois, sans doute, une partie de ce système immunitaire à toute épreuve. Une partie de ce corps qui veut férocement la vie, qui l'a voulue plus que ma tête parfois. Ce corps battant, c'est Claude qui l'a couvé, quand j'étais enfant. Ce corps qui ne survit pas, qui dévore. Ce corps qui semble incassable. Cette énergie brute. Je lui dois ça : une partie de ma vitalité.

Je lui dois aussi quelque chose de difficile à nommer : l'envers absolu du racisme. Enfant, tu ne comprends rien des haines possibles. Je m'appelais Catou et rien ne me faisait plus plaisir que d'aller dans cette maison. Parce que des livres partout, des objets étonnants, le rire discret de Claude, les mains de Ginette dans mes cheveux. Un peu aussi, disons-le, parce que j'étais impressionnée par la testostérone des fils. Cette maison était (est toujours) un cocon. Un lieu où j'ai su qu'on m'aimait sans compter. C'est bien plus tard que j'ai compris qu'ils étaient la seule famille métissée à des milles à la ronde. Qu'est-ce que ça aurait dû changer ?

Je réalise enfin que s'il y a un peu d'Antilles dans mon pas, s'il y a des soupçons de rythme qui chaloupent dans ma démarche de petit singe laurentien, c'est grâce à lui. Je lui dois tout ça, pour l'avoir observé, toutes ces années, dans mon angle mort. Nous, les femmes, penchées sur la grande table en bois, du rire aux larmes. Lui, dans un coin, pour ne surtout pas déranger, de la musique dans les oreilles et le pas léger. On se disait peu, mais il était là. Il était là, balancé, sur ses grandes jambes de coureur, du soleil et de la mer dans son petit pas, un surplace cadencé. Calypso. Une vague, une vague qui berce, splendide, au milieu des sapins.

Finalement, je n'ai peut-être que ce regret. Un tout petit regret de rien. Quelque chose que j'aurais dû dire, qu'il n'aurait pas pu deviner. C'est grâce à lui, si, aujourd'hui, je sais un peu danser.

Mars mémoire

Je revenais du gym. Il faisait nuit. Sac lourd, épaule meurtrie, joues rouges et démarche sautillante. Nous étions au milieu d'un février plus doux qu'à l'habitude, au propre comme au figuré. Doux sur le temps, doux sur le moral.

Je me suis demandé combien ça faisait de temps. Combien de temps que je n'avais pas pensé à mourir. Je n'ai pas trouvé. C'est rare, bien sûr. C'est rare. C'est surtout court maintenant. Ça monte comme une nausée fulgurante et ça s'achève en quelques secondes. Est-ce vraiment une envie de mourir? Un réflexe un peu morbide? C'est exactement le même sentiment que j'ai porté, plus jeune, pendant des mois, mais il n'arrive plus à s'ancrer. Il me visite, mais passe vite.

C'est souvent la honte qui le motive. Des détails du quotidien qui me heurtent plus que nécessaire, des reproches qui s'inscrivent dans une douleur connue par cœur. Une impression d'insuffisance, d'incomplétude, d'inapproprié. La honte de n'être que ça : moi. Imparfaite. De ne pas savoir sonner plus juste, tomber à point. C'est absurde, bien entendu, c'est irrationnel. J'ai toujours refusé de parler du suicide en termes généraux, mais disons seulement que l'envie de mourir, pour autant que je la connaisse, n'a pas grand-chose à voir avec la rationalité. Après avoir dit ça, il faut reconnaître qu'elle a mille visages et que c'est difficile d'en faire des slogans.

La journaliste Chantal Guy est la seule, à ma connaissance, à avoir eu le courage de remettre publiquement en question ce slogan qui veut que le suicide soit « une solution permanente à un problème temporaire ». « Le mal de vivre est-il un "problème temporaire" ? Trouver parfois, dans certaines douleurs aiguës, que ce monde n'a aucun sens, se sentir mort de son vivant, relève-t-il toujours de la maladie mentale ? Certaines souffrances ne sont malheureusement pas temporaires, et le nier pour combattre le suicide ne fait que les aggraver[1]. »

Chaque année, pendant le mois de février, on parle beaucoup de maladies mentales. C'est bien. Il le faut. Par contre, à force de développer notre aisance à en parler, on risque peut-être de confondre les maladies mentales et les catégories utiles. Je suis d'accord avec Chantal Guy sur ce point. Récemment, j'entendais Varda, aux *Francs-tireurs*, dire que déjà enfant elle se sentait différente. Moi aussi. Je ne souffre pas de troubles bipolaires pour autant, ni même de dépression. Aucun diagnostic, et ce n'est pas faute d'en avoir cherché un. Le mal de vivre ne vient pas toujours de

---

1. Chantal Guy, « La parole des suicidés », *La Presse*, 30 avril 2010.

la maladie. Gagner l'ouverture de parler de la maladie ne devrait pas nous pousser à croire que la pensée de la mort est nécessairement un symptôme de maladie mentale.

L'envie de mourir a longtemps été chez moi un compagnon de voyage, une partie de la vie. Aujourd'hui, elle s'apparente à un vague malaise qui laisse un étourdissement passager. Mais elle n'est pas complètement partie. Il m'arrive de croire qu'elle ne partira jamais. Je suis prête à vivre avec cette hypothèse. Je suis prête à vivre avec cette idée d'un constant combat : moi vs moi. Aussi fou que ça puisse paraître, je suis prête à vivre avec une envie de mourir qui sommeille au fond de mon envie de vivre, tant que ça ne meuble plus ma vie comme ça l'a fait il y a plus de dix ans maintenant.

10 mars : c'est pas la semaine de prévention de rien. Chaque fois que je vois le train passer en février (les chroniques, les docus, les témoignages), je me dis que je devrais écrire. Que j'ai encore des choses à dire. Et puis je me rappelle que j'aurai mon jour-souvenir à moi. Pas pendant février, juste après. Juste au moment où le printemps se pointe. Il y a plus de dix ans maintenant, un 10 mars, j'ai constaté que la douleur avait survécu à une journée magnifique qui annonçait le printemps. Il m'a semblé que j'avais perdu. Que ça ne se pouvait plus.

Le 10 mars, c'est mon jour-souvenir pour dire : on peut s'apprivoiser. Malgré la douleur incompréhensible, et parfois difficile à supporter, d'être soi.

Il faut dire qu'en vieillissant, j'ai compris qu'il est douloureux d'aimer des gens qui s'aiment trop peu. Si peu, en fait, qu'ils ne comprennent pas qu'on peut les aimer malgré eux. J'ai compris ce que j'avais fait vivre longtemps aux autres. Aujourd'hui, quand la nausée monte comme une envie de me vomir moi-même, je pense aux gens qui m'aiment comme ça. Incomplète. Je ne comprends pas sur le coup, mais je les crois sur parole et la nausée s'en va. J'ai appris à faire confiance, à m'appuyer. Et je laisse les autres s'appuyer sur moi en retour. C'est le seul antidote qui me convient.

J'en suis surtout venue à la conviction que le sacro-saint « Aime-toi toi-même, les autres t'aimeront » est une idée saugrenue. S'aimer s'apprend. Avec les autres. Et les autres nous aiment souvent bien plus qu'on s'aime soi-même. Il faut les croire. Et les aimer en retour.

Ils n'en parlent peut-être pas, mais ils en ont sans doute bien besoin, eux aussi.

Anaïs

Le dévouement aux autres est-il une couverture pour la faim et les besoins du Moi dont on a honte? J'avais honte de prendre, et j'ai donné. Ce n'était pas une vertu, mais un déguisement.

Anaïs Nin, mars 1946

Quelqu'un, caché derrière un pseudonyme, a écrit un jour que je me prenais pour Anaïs Nin. Je suis prête à admettre que j'ai une estime de moi qui, au premier coup d'œil, peut parfois s'apparenter à une montgolfière. Mais il ne faut pas trop se fier aux apparences. Et bien que je me prenne parfois pour une autre, je n'irais pas aussi loin que de me prendre pour cette autre-là...

Anaïs.

Je m'identifie par contre. Je m'identifie à son impudeur. Je m'identifie à sa quête d'authenticité, à sa quête d'intériorité. Anaïs Nin s'intéressait à ce qui m'intéresse: les plaques tectoniques de l'intime dont le mouvement a parfois des conséquences qu'on ne pouvait soupçonner.

Ce qui m'a le plus fascinée dans l'entrevue qu'Anaïs Nin accordait à Fernand Séguin en 1970 à Radio-Canada (et qui peut être consultée sur le site des archives de la société d'État), c'est son besoin d'aider. Cette façon de s'entourer de gens dans le besoin, dans le manque, dans le trouble et d'offrir, d'ouvrir les bras, pour leur permettre de trouver un minimum de confort. Elle dit : « Miller aurait fait la guerre à la société, moi j'essayais d'aimer. »

Il est toujours troublant de se reconnaître chez les autres. Ceux qui ont cette capacité de s'autoanalyser nous ouvrent la porte à cette reconnaissance. Anaïs Nin renvoie d'elle-même une image découpée, claire, limpide. Je l'écoute et je me vois. Surtout dans ce besoin, immense, d'être une femme essentielle à l'éclosion des autres. Un besoin qui côtoie l'envie de sa propre éclosion. Comme si pour être pleinement, on ne pouvait que se creuser cette petite place d'incontournable auprès des autres.

J'aurais préféré avoir son aura sexuelle que ses névroses, mais bon...

Anaïs Nin était profondément libre. Et, librement, elle a souvent mis son énergie à soutenir le génie des hommes qu'elle aimait.

C'est parfois librement qu'on s'enchaîne aux mêmes histoires qui se répètent. On ne peut pas tout changer de qui on est, au risque de s'y perdre. Anaïs Nin, pour moi, évoque cela : comprendre à tout prix, mais accepter aussi.

Parce qu'à trop vouloir tuer nos zones d'ombre, on risque de perdre en qualité de lumière.

Écrire brut

Comme quand Jésus tripait sur moi et que déçu et amoureux
Il me cassa en trois
La fille
La mère
La putain
Marjolaine Beauchamp[1]

Deux lectures ces jours-ci. Deux paroles de femmes. Paroles brutes.

Autant chez Marie-Sissi Labrèche (que je lis avec tant de retard) que chez Marjolaine Beauchamp, on retrouve une parole à des kilomètres des magazines féminins et des préoccupations qui caractérisent la femme moderne selon les promoteurs d'une certaine culture féminine. Névroses, dépendances, mal de vivre, pauvreté, sexe et perte de repères sont au menu.

C'est en 2000 que Marie-Sissi Labrèche publie *Borderline*. Dès le prologue, la névrose est nommée, mise à plat: «Je m'aime si peu, alors que m'importe d'ouvrir les jambes pour tous ceux qui semblent

---

1. Marjolaine Beauchamp, Montréal, *Aux plexus*, Éditions de l'écrou, 2010, p. 104.

m'aimer un peu[1]. » L'écriture de Marie-Sissi Labrèche est faite de ces citations fortes et crues, limpides, efficaces, mais dont il ne vous viendrait pas à l'esprit de les glisser dans la signature automatique de votre courriel, par exemple.

Je n'ai pu que faire le lien avec ma découverte de Nelly Arcan. C'était en 2004, à la parution de *Folle*. Découverte qui coïncidait avec mon retour à l'écriture, un retour virtuel, mais que j'avais voulu signer sous ma réelle identité. Je m'étais dit que si un jour je rêvais d'avoir mon nom sur un livre, il faudrait peut-être que je commence à assumer de mettre mon nom sur ce que j'avais à dire.

Pourtant, devant Nelly Arcan, bouleversée, je me suis prise à avoir envie de dire des choses que je n'assumais pas encore. Je fis le choix de l'anonymat. Mon double s'appelait Zuda.

« Malhonnêteté sensuelle d'un être public à demi incapable d'affronter le regard virtuel de n'importe qui. Quand je pense au nombre de fois où j'ai soupiré devant cet écran, à ce que j'y lisais à dix-huit ans que je ne savais pas faire encore, à ce que je fais si mal encore aujourd'hui, mais que je sais si bien raconter. C'est sa fête aujourd'hui et je reviendrais bien cinq ans en arrière. Je m'ouvrirais les jambes en

---

1. Marie-Sissi Labrèche, *Borderline*, Montréal, Boréal, 2003, p. 12.

constatant simplement qu'il ne me regarde jamais... et que c'est vachement excitant. J'y pense et je vomis des souvenirs contre ma peau. En abstinence je perds le goût du bon sexe et je garde le poids de celui qui pue. Névrosée...»

Ça, c'était le début. Ça a duré quelques mois. Et un jour il fut dit que Zuda, c'était moi. J'ai alors signé des choses incroyables même si je savais le regard d'une certaine famille penchée sur moi. J'ai vomi, en bloc: sexe, violence, suicide, masturbation, sodomie, saphisme, obsessions, ecchymoses, boulimie, etc. Dire des mots qui font beurk! parce qu'il faut bien les dire. Parce qu'il arrive un temps où il ne s'agit plus d'intellectualiser. Parce que toute souffrance peut s'écrire, non? Vraiment? Chaque fois que j'ai osé, j'ai reçu des témoignages incroyables. De gens touchés, de gens rejoints, de gens à qui j'avais fait du bien. Alors pendant un temps, j'ai tout dit (en me faisant croire que je ne le faisais pas que pour moi).

Mais il n'y a pas de miracle: à trop se dire, on se perd un peu.

Ces derniers temps, en lisant Marjolaine Beauchamp, je repensais à cette prise de parole que j'avais voulue à vingt-cinq ans. Marjolaine Beauchamp qui me fait sourire jaune en parlant «... des vieux cinquantenaires/[...] qui te palpent le cul/Avec expérience[1] ». Marjolaine Beauchamp qui ose même si «[les] gens n'aiment pas quand tu dis mort/Ça fait malade/Ça fait drastique[2] ». Et puis, soudain, au détour, comme en miroir à Marie-Sissi Labrèche : « Comme si me faire baiser/Faisait office d'analgésique...[3] »

J'ai lu ça et je me suis demandé si j'oserais, aujourd'hui encore, dire la vérité crue de ce qui me heurte.

C'est que j'écris un peu comme je vis, à me négocier des points d'amour, préoccupée à bien saisir ce que les gens attendent de moi.

Donnant, par le fait même, une importance démesurée à celui qui lit.

Toi.

1. Marjolaine Beauchamp, *op. cit.*, p. 52.
2. *Ibid.*, p. 81.
3. *Ibid.*, p. 83.

Portes closes

Des hommes qui surfent sur toi comme sur les vagues des océans à tarir. Des hommes qui te bouffent comme s'ils t'auscultaient, vétérinaires de l'intime. Des hommes qui te prennent dans les cages d'escalier. Des hommes qui te prennent sur les bureaux des patrons absents. Des hommes qui te prennent sur les bureaux des patrons absents pendant que la conjointe préside une réunion au bout du corridor.

Des hommes qui ne bandent pas dans le fond des bouteilles. Souvenirs stroboscopiques. Un sexe dans ta bouche, un sexe mou sous les flashs du sommeil impossible. Des hommes qui ne viennent pas et qui disent : « Ne t'en fais pas ! » Des hommes qui viennent comme des métronomes, préférablement dans tes cheveux. Des hommes qui ne te font pas jouir et à qui tu dis : « Ne t'en fais pas ! » Des hommes qui ne se rendent pas compte que tu fais semblant. Des hommes qui ne se rendent pas compte que tu ne fais même plus semblant. Des hommes qui ne se rendent pas compte que sucer, c'est épuisant au bout d'un moment. Des hommes qui pensent vraiment qu'un *trip* à trois, c'était le meilleur cadeau d'anniversaire. Des femmes superbes avec qui tu voudrais soudain être seule. Des hommes encombrants.

Des hommes de vingt ans qui bandent cinq fois, mais ne font que se masturber en toi. Des hommes plus vieux qui te disent dans l'oreille : « Il y a des années que je n'avais plus bandé comme ça... » Des hommes qui lisent le désir dans tes yeux et savent quand embrayer. Des hommes qui ne comprennent rien aussi, ça tu en as connu plein.

Des hommes qui te disent « T'es belle ! » en te tirant les cheveux juste avant de te traiter de pute. Des hommes qui te traitent de pute et qui oublient de marquer la fin du jeu. Des hommes qui disent « T'es belle quand même ! » Des hommes qui disent « T'es la baise du siècle ! » et qui attendent que tu les remercies. Des hommes qui ne comprennent pas que tu n'as rien fait d'autre qu'ouvrir les jambes. Des hommes qui ne voient pas que ce qui fait du bien dans l'instant tue parfois à long terme. Des hommes qui te prennent sans capote. Se faire mettre en pensant « t'es conne, t'es conne, t'es conne ». Des hommes qui se contentent de petites connes qui ont trop besoin d'amour pour exiger un minimum. Des hommes sans exigence. Des hommes qui ne voient pas que tu jouis tout croche, pas dans ton corps, mais dans ta tête. Qui ne semblent pas voir que tu pourrais en crever.

Se retrouver en abstinence. Et soudain faire le ménage dans tous ces hommes à la fois un et multiple qui sont passés. Ceux qui t'ont laissée sur les trottoirs, dans les aéroports. Ceux qui auraient voulu rester, mais que tu as chassés à grands coups de pied. Ceux qui t'ennuyaient tellement que pour passer le temps tu les laissais te baiser. Ceux que tu aimais tellement que tu t'es fermée à clé. Par peur, sans doute, qu'ils aient accès à un trésor trop précieux. Par peur qu'ils puissent te casser.

Se peupler de nouveaux fantasmes. Des hommes-ailleurs. Des hommes-regard. Des hommes-respect. Des hommes-fou rire. Des hommes-désir. Se perdre dans le vide et renaître. Des hommes qui te serrent dans leurs bras comme si tu étais un cadeau de la vie. Des hommes qui rougissent quand leur regard se perd dans ton décolleté. Des hommes que tu fais rire. Des hommes qui sentent bon. Des hommes à qui tu donnes le droit de t'aimer.

Elle est sortie la violence, sans faire de bruit. Trop faible, déjà, elle avait perdu l'envie de claquer la porte. Ils sont partis tes fantômes, avec eux la jouissance cérébrale. Se faire cracher au visage, c'est une autre façon de se détester. Du mépris en comprimés. Le sexe peut être une arme très raffinée.

Elle est sortie la violence et tu découvres l'envie de jouir vrai, sans putasserie. L'envie de jouir entre tes mains, entre les siennes, contre son corps, sans nécessairement parler d'amour, mais dans l'échange.

Quelque part entre des rêves de princesse puérile et un jeu de pute insensible.

Une femme libérée, ça ouvre les jambes avec plaisir, sans pugnacité. Ça ouvre les jambes en riant, ça fait l'amour en partage, et ça arrête de tout conjuguer en « se faire baiser ». Une femme libérée, ça sait accueillir les caresses sans les transformer en arme de destruction massive.

Une femme renaissance.

Le Déclin et moi

Je n'ai pas dix ans. Impubère. Ce sont les débuts de Super Écran. Ça vient avec une série d'interdictions parentales, interdictions que je franchirai généralement par erreur ou par hasard (aidée par des horaires pas très famille-*friendly*).

Cet après-midi d'été, tout le monde dort dans la maison où on passe les vacances. La télé est restée allumée. Mon souvenir est charnel : la texture du tapis. Je le flatte, fascinée, tandis qu'à l'écran Diane (Louise Portal) raconte le sexe et la violence. Qu'est-ce que je comprends à l'époque ? Allez savoir ! Mais ça résonne assez pour que je ne bouge pas pendant deux heures. Pour que je revoie le film des dizaines de fois ensuite.

Pour moi, *Le Déclin de l'empire américain* est caricatural exprès. Il met en exergue la propension des gens à se mettre en scène. Voilà des intellectuels conscients de leurs caricatures et pourtant incapables de s'en extirper. Ils les reproduisent et les amplifient, comme malgré eux, mus par une force qui les dépasse.

D'ailleurs, en rentrant à l'université, j'ai vu le film d'Arcand d'un autre œil. J'y reconnaissais la propension que nous avions à parler de tout en érudit, avec cette espèce de détachement cynique qui doit donner l'impression de maîtriser le savoir.

Pour moi, la façon dont ces personnages multiplient les clichés, autant dans leurs paroles (sur les différences raciales, entre autres) que dans leurs actes, présage de la limite de l'éducation comme moyen d'émancipation. Éduqués, mais colons. Et colons presque conscients. Ce qui rajoute l'insulte à l'injure.

Là où *Le Déclin* a des dents, c'est justement parce qu'il parle du snobisme comme forme d'aliénation. Cette classe de gens parvenus (à laquelle je m'associerais sans sourciller) reproduit des modèles qu'ils associent à la liberté, à commencer par la liberté sexuelle. Mais ils sont pris au piège! J'y vois une dénonciation de la vacuité de ceux qui, pourtant, estiment être pleins (de culture, de classe, de goût). Leur quête d'absolu n'est en fait qu'un palliatif, un bouchon de sens.

Il y a là, aussi, une critique des limites de la libération de la femme. Cette liberté qui permet à Diane (Louise Portal) d'affronter ses fantasmes avec Mario (Gabriel Arcand) ne berne personne, même pas elle. Sa transgression est une nouvelle chaîne. C'est elle d'ailleurs qui parlera du «pouvoir de la victime» qui fait de cette relation quelque chose comme une drogue.

Et puis, il est impossible de faire abstraction de LA scène du film, celle où Dominique (Michel) dira: «Je me méfie toujours de la condescendance des hommes qui m'ont fait jouir.» Il est question d'une ambiguïté persistante entre la puissance intellectuelle et la puissance sexuelle. Une ambiguïté qui, encore, évoque les rôles que chacun joue dans un schéma relationnel.

Ce qui est fascinant, c'est que dans sa façon même de faire cette révélation, Dominique fait aussi preuve de condescendance. Le ton ne ment pas. Son geste sert à démolir Louise (Dorothée Berryman), bien plus que Rémy (Girard). Dans la pyramide des rôles, la maîtresse est plus forte parce qu'elle est celle qui connaît la vérité. D'ailleurs, Dominique dira que ce qui l'énerve, c'est l'inconscience. Ainsi, pour se venger d'un rapport de pouvoir, elle en solidifie un autre. Elle se sait puissante, et pourtant pas épanouie. La conscience de soi peut être une source de colère.

La raison, l'éducation, la culture, la connaissance ne libèrent pas de tout (surtout pas de soi-même). Même qu'en augmentant le doute, elles fragilisent certaines institutions qui s'accommodent bien du mensonge ou de la naïveté. Les personnages d'intellectuels dans ce film ont une identité friable et le savent.

C'est vrai que *Le Déclin* fait partie des œuvres qui m'ont fondée. Je lui dois, en partie, cette conscience aiguë d'être, en société, toujours un peu la caricature de moi-même. Je lui dois aussi un amour de la répartie malgré la conscience de sa vacuité.

Ça ne m'a pas empêchée de caricaturer la caricature. En le revoyant, j'ai été frappée par le nombre d'attitudes de ce film que j'ai calquées dans ma vie.

À commencer par cette idée qu'il valait mieux être conne consciente que conne cocue.

P.-S. Voyez comme cette dernière phrase montre bien que la chute est à la chronique ce que la répartie est à la conversation : effets de manche.

Bélanger, Brullemans et St-Pierre, ou quelques considérations sur la pudeur

Ça fait toujours rire ma mère quand je lui raconte qu'on me trouve impudique. Elle, me trouve très pudique.

En fait, je n'ai aucune pudeur devant les chirurgies émotives. J'ai la conviction qu'un doute mis sur la table, qu'un travers sous la lumière, qu'une névrose qui ouvre bien grand les jambes, c'est souvent bénéfique. D'abord, parce que nous sommes toujours moins seuls que nous le croyons. Ensuite, parce que faire de la lumière avec sa merde intérieure, c'est prendre le risque de faire du bien à soi et aux autres.

En ce sens, j'ai reçu *Beauté, chaleur et mort*, la proposition théâtrale de Nini Bélanger et de Pascal Brullemans, comme un coup de poing en pleine face, mais les bras ouverts. Ces gens de théâtre, mais qui ne sont pas d'abord des acteurs, y mettent en scène la mort de leur nourrisson. J'ai accepté cette mise en scène de l'amour physique entre deux adultes tout habillés, j'ai accepté cette simulation d'accouchement. J'ai accepté cette douleur immense de la perte d'un enfant. J'ai accepté l'humour, j'ai accepté leur talent de non-acteurs. J'ai pleuré. Je les ai trouvés beaux et amoureux. Simples. Je les ai enviés d'être deux, dans l'horreur, mais ensemble. J'en suis sortie avec toutes sortes d'envies, des envies de vie. Dans les derniers mois, rien ne m'a donné autant le goût de faire un enfant qu'une pièce sur la mort d'un bébé. Une pièce comme un éperon: pour vivre, il faut le risque de souffrir.

C'est banal? Tant mieux pour vous si vous êtes centrés au point de ne jamais perdre de vue les plus banales évidences. Je n'ai malheureusement pas cette force et l'art me sert aussi à ça.

Ma pudeur concerne l'intimité du corps. Pensons à un corps nu qui ne sert à rien. Dans le sens qu'il est nu juste parce qu'il n'est pas habillé, pas pour faire un usage quelconque de sa nudité. Pensons à un corps nu dont on ne fait pas un usage sexuel. Pensons à plusieurs corps nus dans le même espace qui sont nus pour rien. Juste parce qu'ils ne sont pas habillés. Juste parce que des fois on est mieux comme ça, plus libres.

C'est dans sa démarche que Dave St-Pierre me rejoint dans mes derniers retranchements, c'est dans sa démarche même. Un tel abandon, ça me dépasse... Chaque fois que je m'y frotte, il me rappelle que je me suis barricadée dans ma tête, parce qu'être intelligente est encore ce que je sais faire de mieux. Son utilisation de la nudité ramène le corps au magnifiquement banal, et la cérébrale en moi trouve ça... insupportable.

J'ai une pensée particulière pour Katia Lévesque qui, dans *La pornographie des âmes*, se prête à ce numéro d'animateurs «sadiques, mais sympathiques» qui dissèquent l'obésité. Est-ce que c'était pertinent ? Sans doute puisque j'y pense chaque heure depuis. Je me suis trouvée minable d'avoir comme réflexe de me comparer dans un tel moment. Je me suis trouvée tellement faillible, tellement humaine. Alors je suppose que c'était pertinent.

Certains vous diront que des artistes comme Bélanger, Brullemans et St-Pierre font ça pour choquer. Étrange tout ce qu'on met de péjoratif dans ce terme. Comme si vouloir choquer était la pire des idées. On ne se révolte jamais contre les productions qui sont faites pour nous conforter...

J'ai passé l'essentiel de cette semaine à être heureuse de vivre dans une société où tout cela peut exister. Où nos pudeurs peuvent, ouvertement, être affrontées.

Oui, les artistes me choquent souvent. Des chocs comme de solides coups de pied au cul. C'est magnifique quand on s'arrête pour y penser.

L'intimité de s'écrire

On a beau ne pas vouloir parler de soi-même.
Il faut parfois crier.
Blaise Cendrars

La question de l'intimité me poursuit de façon constante. Elle est au cœur de ma réflexion, sans doute parce qu'elle n'est pas le moindre de mes paradoxes.

La semaine dernière, comme je terminais l'essai *La sexualité spectacle* de Michel Dorais, je mettais la touche finale à un texte d'une radicale impudeur. Un texte qui tuerait ce qui est sans doute la plus grande omertà de ma vie. Une charge émotive lourde et un dénuement. Un texte avec certaines images irrationnelles, loin de l'argumentaire. Des images douloureuses. Pourquoi faire cela? Ne suis-je pas en train de nourrir le monstre que je dénonce?

Que l'écriture (et la création) puisse soulager des douleurs, personne n'en doute. Mais l'écriture et la publication sont deux actes très différents. Entre les deux s'insère le travail d'écriture. Longtemps, j'ai écrit comme on vomit. Le travail d'écriture est plus complexe: je tente de garder la même charge que lors de ce trop-plein tout en lui donnant plus de consistance. Je tente de porter la parole hors de moi. De transformer l'anecdote en une parole plus englobante.

Une fois le travail d'écriture accompli, pourquoi ne pas publier ? Pourquoi investir tous ces efforts à peaufiner un texte, à s'assurer que le ton, l'émotion et le propos sont justes, si c'est pour le garder pour soi ? Pour être honnête, je n'écris jamais en silence. Je n'écris jamais juste pour moi. J'écris toujours dans l'idée d'être éventuellement entendue. Chaque fois que je retombe sur mon journal d'adolescente, je suis frappée de constater qu'il s'adresse déjà à un lecteur potentiel.

Un des passages les plus intéressants de l'essai de Michel Dorais porte sur la censure. L'auteur y démontre que les censeurs contribuent directement à la sexualité spectacle en la soulignant et en la mettant en lumière. Souvent, il me semble que la nudité, l'intimité, l'impudeur dans l'espace public relèvent d'une réponse aux censeurs ou, plus largement, aux tabous. Une société ne doit pas détruire tous ses interdits, mais savoir les nommer n'est jamais vain. C'est là qu'il est difficile de comparer toutes les formes de sexualité/intimité spectacle : la porno dévoile, mais ne porte pas le même message que les émissions de Janette Bertrand.

Si j'ai finalement décidé de travailler sur ce texte que je ne publierai pas maintenant, mais un jour, c'est aussi pour combattre l'hypocrisie, qui est une forme de censure. L'hypocrisie générale d'une société qui vante la beauté intérieure tout en étant profondément obsédée par la beauté extérieure. Pour répondre aussi à l'hypocrisie de ceux qui m'ont dit : « Pourquoi tu ne gardes pas ça pour toi ? » Parce qu'on a dû dire ça à ceux qui furent les premiers à écrire sur la violence sexuelle, sur l'infidélité, sur l'homosexualité, etc. Parce qu'on a dû dire ça à Nelly Arcan si elle a partagé son envie d'écrire *Putain*. Quand seul un fond ranci de honte te retient d'écrire, c'est une mauvaise raison. La honte est le premier vecteur de la censure.

Or, si ceux qui décident de mettre en scène l'impudeur doivent s'interroger sur leur démarche, le public aussi devrait réfléchir à l'excitation préadolescente avec laquelle il accueille souvent confidences et dévoilement. Et les médias ont leur part de responsabilité dans cette fascination sans cesse renouvelée.

Pour prendre un exemple bien connu, Annie Ernaux dépasse l'anecdote malgré le caractère intime de son écriture. On ne lit pas Annie Ernaux parce qu'on s'intéresse à sa vie. Quoique c'est peut-être un peu court : après l'avoir lue, certaines personnes (dont sans doute certains journalistes et communicateurs) s'intéressent peut-être un peu trop à sa vie. Après tout, la tournée promotionnelle de Sophie Fontanel suite au grand succès de *L'envie* a autant porté sur son livre que sur sa vie sexuelle.

Je crois à l'art qui s'appuie sur l'intime. Mais si je pars de moi pour vous parler de vous, comment se fait-il que vous vous arrêtiez à moi ? Se regarder, ça fait si mal que ça ?

Hirsute

Nu.

Aujourd'hui, quand je lis le mot « nu », j'ai des frissons. Comme lorsqu'un goût ou une odeur vous écœure vaguement sans que vous sachiez trop pourquoi. Pas une envie de vomir, mais la réminiscence d'un inconfort qui donne un peu la nausée.

Ce n'est pas venu du jour au lendemain. Si je sais encore compter, ça aura même pris quatre longues années. Quatre longues années avant que la simple vue du mot « nu » m'indispose en silence.

Aujourd'hui, quand je lis le mot « nu », je vois mon corps.

Ça m'écœure.

Le bureau du médecin a d'immenses fenêtres, sans même l'embryon d'une draperie. Quand je suis entrée, il m'a semblé évident que ce n'était pas ici qu'on allait m'examiner. Il a parlé, il m'a écoutée, mais il ne m'a pas regardée.

Avant d'arriver, j'étais morte de trouille à la simple idée de devoir me déshabiller. Maintenant que j'y suis, je ne peux croire que j'aurai fait tout ce chemin pour être soignée sur parole. À l'aveugle.

Regardez-moi, docteur, parce que vous êtes le seul à pouvoir encore le faire.

Peut-être que, lui aussi, ça l'écœure.

⌣

La touffeur, ça me connaît. J'ai été élevée en forêt. Je suis un petit singe laurentien. Des racines aux sourires, tout en moi évoque la mousse et les arbres. L'humus. Les champignons.

Pourtant, j'aurais préféré les grands vents.

Qu'à cela ne tienne. Oubliez l'organisation rationnelle des damiers agricoles, oubliez la beauté plastifiée des jardins de banlieue, oubliez la fureur de ceux qui grandissent près des marées. Je suis un beau bordel où il est facile de perdre son chemin.

Chaque fois que je hais mon corps, j'oublie qu'il est le reflet d'où je viens : une forêt.

⌣

Le médecin parle une langue que je ne comprends pas. Il parle anglais, certes, mais au-delà de cette barrière, je n'y entends rien. C'est quoi DHEA ?

Il parle de testostérone aussi. Ça, je comprends. C'est une histoire de gars. Je comprends et je ne suis pas complètement folle. Pas encore.

246

Je l'ai vu changer, mon corps. Je le vois avancer, décidé, dans une lente marche vers l'androgynie.

J'exagère sans doute. Mais laissez-moi le plaisir de faire image. On n'est pas dans un cabinet de médecin ici, on fait de la poésie.

⌣

Glabre est un mot très laid, mais c'est le seul qui dit précisément ce dont je veux parler.

Si je le pouvais, c'est avec mon corps que je ferais un marché. Je ne demande qu'une chose : une peau vierge. Pure. Glabre, justement. Je ne demande que ça et après je ne me plaindrai plus jamais. Ni de mes épaules de footballeur, ni de mes mollets de cycliste, ni de mon profil de lutteur, ni... Après, ce sera fini.

Mais mon corps n'a pas la rationalité pour conclure des marchés, il se contente d'être incivilisé et mal dompté.

Il est comme ça, mon corps : inapproprié.

⌣

Peut-être parce que je sais qu'il n'y a pas de réponse qui tienne à part une vague histoire de gènes, j'ai omis de poser la seule question qui compte vraiment.

Docteur, pourquoi mon corps est inapproprié ?

C'est comme ça. C'est la fatalité.

Et encore, il s'en trouve toujours pour me rappeler que ça pourrait être pire. Je pourrais être très malade. Je pourrais être handicapée. De quoi je me plains, finalement?

Il s'en trouve toujours pour me dire que c'est surtout dans ma tête. Ils n'ont pas vu, bien sûr. Personne ne te voit quand tu vis cloîtrée.

⌣

En prison.

Dans un corps de cirque, au centre de ma peau en barbelée. La tête plongée dans une doublure de silence.

Le silence parce que je ne sais pas dire. Le silence parce que vous ne savez pas entendre. Le silence mascarade.

Les petits mensonges qui justifient les foulards en pleine canicule, qui refusent les invitations aux beach partys. *Les faux-fuyants pour expliquer le célibat, pour expliquer la solitude. Pour expliquer que moi, la drague, vous voyez, je suis au-dessus de ça. Savoir reconnaître quand on doit quitter une fête pour éviter le moment où il faudra dire non.*

Non, merci, pas besoin de me raccompagner. Je vis loin d'ici, dans un pays beige où je ne laisse personne entrer.

Mentir pour dissimuler mon freak show *intime.*
Ma peau de guenon.

〜

À dix ans déjà, j'avais des seins, j'avais du sang. Ça, ça l'intéresse le médecin. Il prend des notes frénétiquement. À dix ans, en pleurs, je parcours la maison sans savoir où poser mes fesses souillées. Une enfant. Personne n'a même eu le temps de me préparer à ça. J'ai dix ans, ils ne vont quand même pas me dire que c'est une bonne nouvelle puisque je peux porter des enfants...

On a appelé papa pour le prévenir. Maintenant, dans ma valise de week-end, j'aurai tout le barda d'une femme complète. On a appelé papa pour lui dire que ça se peut que je tache mes draps. Depuis combien de temps ai-je cessé de faire pipi au lit ? Déjà l'âge du sang.

Le médecin prend des notes.

Vos hormones, *miss*, ça clochait déjà.

〜

Poil.

Voilà. Peut-on imaginer plus antipoétique. C'est d'une telle trivialité. Un mot qui ne rime avec rien si ce n'est son désintérêt total. Comme une mouche. Tu la nommes, elle est un peu morte déjà. Les poils, les mouches, deux victimes faciles du contrôle de l'humain sur son environnement.

Poil.

Un mot qui me donne mal à la tête, au cœur, à l'âme. À la peau aussi. Concrètement. On l'enlève, il repousse, il s'incarne, il fait des plaies. On me brûle la peau au laser, mais rien n'y fait. Il repousse en double, en triple. Il transperce les gales. Il ne veut pas mourir. C'est ma forêt déchaînée de l'intérieur, mon Amazonie envahissante. Comme un cauchemar récurrent d'enfant, il survit par lui-même, au-delà de la volonté.

Poil.

C'est tellement superficiel, tellement sans intérêt. Mais tout le monde hait ça. Personne n'en veut et tout le monde en parle. Une invasion d'absence. Tout le monde en rit aussi. Il y a toujours quelqu'un, entre Movember et le débat féministe, pour faire une blague sur les femmes à barbe.

Je vous emmerde. Voilà.

⌣

En anglais, on ne distingue pas cheveux et poils. Drôle d'idée. J'aurais du mal à rendre compte en quatre lettres de deux symboles plus différents, surtout à une époque où le quart de ton *sex-appeal* repose dans ta chevelure luxuriante et, le reste, dans un corps nubile, mais épilé en entier.

Hirsutisme : développement excessif de la pilosité dans des régions où elle est normalement absente chez la femme (le visage, le thorax, les fesses, etc.).

« Et cetera » me semble le mot important ici. Quand je le dis au médecin, il sourit. Il m'explique en utilisant le mot *hair* puisqu'il n'en connaît pas d'autres. Il raconte mon histoire avec des graphiques et des colonnes de chiffres.

Mon histoire est dans les livres de médecine et ça ne me déplaît pas. Tant qu'à être un cas, il est plus rassurant qu'il soit répertorié.

C'est le moment qu'il a choisi pour me parler de mon intimité. Voilà un terme délicat pour s'informer de ma vie sexuelle. Je rigole gentiment.

M'avez-vous regardée, docteur ?

Mais non, justement. Il n'a pas besoin de voir, il connaît ça. Il a des photos dans ses livres. Il me croit. Il sait que chacun de mes seins à l'allure d'un petit animal de compagnie. *Hairy.*

Je n'y arrive pas, docteur. Malgré toute la rationalité et le travail sur moi, je n'arrive pas à me dire que ce n'est pas si grave que ça.

Maintenant je pleure.

＊

L'intimité.

Une façade de laquelle on a enlevé l'affiche «Vacancy». Un endroit où on n'attend plus personne. Un lieu où il n'y a plus de place vide parce que le vide a avalé la lumière. Un lieu pourtant incandescent où la conscience est vive, le doute toujours tranchant. Un endroit où tout est cérébral, où on a tué le corps par manque d'envie de le partager.

C'est un décor hors-saison, sans surface, tout en profondeur. C'est chez moi. La peau en berne et l'absence de toucher.

＊

J'ai trop hésité. Je n'ai pas su comment le formuler. Docteur, comment on appelle ça une femme qui souffre d'hirsutisme?

Sa porte était déjà refermée. De toute façon, qu'aurait-il compris à mon besoin de me trouver un nom?

J'avais en main ce que j'étais venue chercher. Avec ça, *miss*, les traitements esthétiques devraient fonctionner. Le conditionnel ne rassure guère, mais je n'ai pas insisté.

Chiffonnant la prescription dans ma poche, comme je me suis chiffonné l'estime trop longtemps, j'ai quitté la clinique. Enfoncée dans mon col pour cacher ma gorge, je me suis éloignée d'un pas vif, comme s'il y avait enfin un espace pour la fuite.

En poussant la porte de la pharmacie, j'ai su exactement qui j'avais été, qui je serais encore pour un certain temps.

Une femme hirsute, tout simplement.

Les moches

On a souvent dit de moi que j'ai un faible pour les hommes laids. C'est un peu court, sans doute. Et pas très gentil pour les hommes qui me plaisent. Disons plutôt que j'ai un faible pour les hommes hors-norme. Dans leur tête ou dans leur look.

J'ai sans doute un faible pour les hommes qui se trouvent un peu laids! Brel le disait. Ferland aussi. Cohen aussi. Un faible pour des hommes qui savent se regarder en face. Je suppose qu'il est difficile, voire impossible, de se regarder en face sans se trouver un peu laid. Et sans être un peu triste.

Dans le domaine de l'apparence physique, comme dans plusieurs autres, j'ai l'impression que les discours sociaux nous charrient d'un extrême à l'autre. Comme s'il n'existait plus aucune nuance.

Dans un coin du ring, tout notre système publicitaire et média qui ne carbure qu'à l'image standardisée: biceps, nombrils et silicone. Dans l'autre coin du ring, toute notre bonne conscience qui tète à la mamelle de la beauté intérieure. On lave trop blanc et on essaie de nous faire croire que finalement, le corps et l'apparence n'ont rien à voir avec ça.

Je suis assez étourdie par le rapport étrange que nous entretenons à ces questions qui sont fortement individualisées, mais aussi révélatrices d'enjeux sociaux.

C'est qu'en amont, il y a des êtres et leurs choix. Des êtres et leurs conditions. Leur corps propre. Il y a des parcours individuels desquels on n'arrive pas à extraire un langage collectif qui «ferait sens», un langage nuancé. Un langage qui dirait que si la séduction ne s'arrête pas au corps, il en est tout de même un véhicule, ma foi, incontournable. Nous vivons, un jour ou l'autre, une distanciation entre l'idée cérébrale et émotive que nous avons de notre présence au monde et les limites corporelles à travers lesquelles cette présence s'incarne. On pourra bien répéter que le sexe se joue beaucoup dans le cerveau, n'empêche qu'il y a, aux dernières nouvelles, des peaux qui se rencontrent.

Finalement, de toute ma vie, de toutes les discussions que j'ai pu avoir et que j'ai encore sur cette question, je n'ai reçu qu'un conseil valable. Comme toute adolescente qui souffre de son apparence, je m'étais fait badigeonner de tous les côtés par des discours sur la beauté intérieure. Le problème, c'est que je n'y croyais pas et que je n'en voulais pas. Je voulais être belle. Et pas juste à l'intérieur. Et surtout pas «belle quand même».

Jusqu'à ce que je rencontre cette femme, de vingt ans mon aînée, qui m'a demandé de trouver une seule personne avec qui j'accepterais de changer de place.

Mais en prenant toute sa place : son corps, sa situation, son intelligence, son caractère. Ses névroses aussi.

J'y pense depuis quinze ans. Je n'ai jamais trouvé.

David Desjardins signait une chronique bouleversante sur ce sujet. Observant dans un café une adolescente moins jolie que ses amies, il demandait : « Comment on se sent quand on n'existe pas dans le regard des autres, quand on est un corps transparent ? C'est comment être laid dans une société *Occupation double* ? [...] Et qui nous console quand notre vie ressemble à un prix de consolation[1] ? »

Comment on se sent quand on est la moins jolie du groupe ? Mal, vraiment. Vraiment mal.

Mais cette femme, dont je parlais plus tôt, m'a mise devant une évidence : ma tête à moi est ce qu'elle est parce qu'elle est née de et a poussé sur mon corps à moi. Dans un rapport complexe de cause à effet, le corps est le reflet de qui nous sommes, mais aussi un déterminant important de qui nous devenons, de comment nous nous construisons. On est avec lui, on ne peut pas être sans.

Je suis essentiellement l'addition de mes hasards et un peu ce que j'ai su en faire, aidée en cela par ceux qui m'entouraient. Je ne voudrais être personne

---

1. David Desjardins, « Un prix de consolation », *Voir*, 15 octobre 2009.

d'autre. Je voudrais une autre apparence, mais être encore moi pour le reste. Or, « moi » n'existe qu'avec mes peurs, mes douleurs, mes angoisses, mes rejets et mes victoires. Avec aussi mes rondeurs et mon corps difficile. « Moi » se construit sur ce corps imparfait, par ce corps imparfait.

Et surtout, ma vie n'est pas un prix de consolation. Je le lui ai dit, à David Desjardins. Ma vie est une grande vie, une belle vie pleine de chances, d'ouvertures, de projets, de création, d'amis. Ce n'est pas une grande vie de séductrice, même si souvent j'aurais souhaité qu'il en soit ainsi. Mais c'est une grande vie de plein d'autres choses. Une grande vie de femme.

Une femme qui survit parce qu'elle assume ses contradictions. Et qui chaque matin, malgré les difficultés, se lève en assumant qu'elle jouera la partie avec les cartes qui sont les siennes, et pas celles dont elle pourrait longtemps rêver. En vain.

Bien entendu, je ne suis pas plus forte que les autres (ou si peu). Je me regarde en face et il m'arrive plus souvent qu'à mon tour de ne pas me trouver jolie. Mais certaines personnes préfèrent les spécimens hors-norme dont le regard craque un peu.

Et si j'aime tant les hommes qui se trouvent moches, je me dis qu'il s'en trouve sûrement pour trouver craquant tout ce qui chavire derrière ma confiance d'apparat.

Paris: ta tête, ton cul

Quand j'ai décidé de partir vivre à Paris à la fin de l'été 2001, c'était pour rédiger un mémoire de maîtrise sur l'image de l'Islam en Occident. J'aurais pu aller n'importe où. D'autant plus qu'au début de la session, mon sujet de mémoire se précisait autour des déjà incontournables événements du 11 septembre. Allez à Paris quand ton mémoire porte sur des quotidiens new-yorkais... est objectivement une mauvaise décision.

Mais j'étais tombée en amitié avec des Parisiens croisés en Tunisie l'été précédent : je voulais Paris. Point. J'étais à l'époque dans un état psychologique assez fragile, je pense que mon département a décidé de me donner raison en espérant que je reviendrais requinquée. Pour ma part, je ne pensais pas revenir. Je partais à Paris pour la vie. Je partais à Paris pour la vie parce que j'espérais y trouver une reconnaissance du travail intellectuel qui me manquait ici.

La déception fut sans doute à la hauteur de mes attentes. Dans mon esprit binaire, il semblait logique qu'une société qui donne plus d'importance à la vie intellectuelle en donne moins aux questions d'apparence. Pourtant, Paris est obsédée par l'apparence et si une chose fut claire pour moi une fois installée, c'est que cette ville allait me confronter à mes lointains démons.

Lors de mon plus récent séjour, j'ai eu la même impression envahissante : Paris me fait mal à mon corps.

D'abord parce que je suis trop grosse pour tout. Trop grosse pour les strapontins du métro, trop grosse pour l'espace entre les tables dans un café. Trop grosse, parfois, pour les portes coulissantes sur les terrasses (faut le faire...). À mon retour au Canada, ma mère m'a candidement demandé : « As-tu magasiné ? » Non, mais ça va pas ! De quoi se foutre des ecchymoses à l'estime pour la prochaine décennie.

Ici, je suis une grassouillette qui se fait dire : « Ben non, t'es pas grosse... » Obèse pour la médecine, rarement dans vos yeux. (Vous avez de beaux yeux, vous savez.) Là-bas je suis une patate. Et la patate se ramollit et devient vite un mollusque. Une patate molle.

L'autre truc, c'est que les Parisiennes sont incroyablement élégantes. J'ai fini par avouer à la fille qui m'accompagnait : « Elles me font chier ! » Pourtant, j'aurais du mal à dire exactement ce qu'elles ont de différent des Canadiennes. Se promener à Paris, c'est un peu comme se retrouver dans un 5 à 7 où toutes les filles sont des Jessica Paré sur le point d'entonner *Zou bisou bisou*. Un cauchemar. Ou dans un party rempli de belles filles du Mile-End qui ont les moyens de leurs ambitions. Un croisement entre Anne-Marie Withenshaw et Rebecca Makonnen avec un accent pointu en prime. Juste envie de me procurer une tente pour cacher mon cinq-pieds-quatre-pouces boudiné.

Qu'est-ce que vous voulez que j'y fasse? Je ne suis pas dans le coup, c'est tout. Le pire, c'est que je porterais exactement les mêmes fringues qu'elles et j'aurais juste l'air d'une patate molle... qui joue une *game* (et probablement toujours aussi dépeignée!).

Mais le plus dérangeant, c'est que Paris est prise dans une constante tension entre une offre de bouffe irrésistible et une obsession pour la minceur. Une ville névrosée. Faut voir comment les revues féminines françaises carburent (oui, encore plus qu'ici) aux régimes miracles, aux trucs et astuces et aux statistiques sur le tour de taille. Tout dans cette ville parle de l'obsession du corps. Pour une capitale intellectuelle mondiale, ce n'est pas le moindre des paradoxes.

Finalement, malgré toutes les merveilles parisiennes, je ne m'en remets pas. Je traverse chaque fois mon séjour en monologues intérieurs qui ont pour but de me raisonner.

Vous devinerez qu'après mon grand mouvement en 2001, je ne suis pas restée en France. Même pas un an. D'abord parce que j'ai vite manqué d'argent. Ensuite parce que j'étais frappée par la solide hiérarchie française, m'ennuyant du naturel des rapports sociaux nord-américains. Mais aussi parce qu'il me

semblait impossible de vivre dans un endroit qui me
sort de mon corps.

Je n'ai pas de facilité à me sentir belle, mais nulle
part au monde je ne me sens aussi moche qu'à Paris.
(Et comme on rigole de mon accent chaque fois que
j'ouvre la bouche, je ne me sens même pas un peu
plus intelligente pour compenser !)

Monsieur Foglia, permettez que je vous touche un mot sur la laideur

Il y a plusieurs années, à l'époque où j'étais adolescente, vous avez écrit un article sur les grosses. Je ne l'ai pas lu, mais ma travailleuse sociale m'en avait parlé. Vous écriviez que vous ne pourriez jamais être attiré par une femme ronde et que si votre fiancée prenait beaucoup de poids, peut-être que vous ne l'aimeriez plus. Vous disiez que ce ne serait plus tout à fait la même personne.

J'avais trouvé ça lumineux. Parce qu'enfin, ce n'était pas hypocrite. Parce qu'enfin, quelqu'un osait dire que ce n'est pas sans importance. Parce que, comme me le répétait souvent cette travailleuse sociale, il n'y avait pas quinze options, juste deux : tu maigris ou tu assumes. Je ne pouvais pas, à moi seule, souhaiter faire changer les regards, basculer la société, changer les icônes.

J'ai tellement souvent repensé à cet article que je n'ai jamais lu. A-t-il seulement existé ? Vous en souvenez-vous ?

J'y ai repensé d'autant plus en lisant votre plus récente chronique sur la laideur comme dernier tabou[1]. Je comprends bien ce dont vous parlez quand vous dites que vous n'aimez pas la beauté.

1. Pierre Foglia, « Détester la beauté », *La Presse*, 22 janvier 2011.

Moi aussi je préfère les laids... Mais en disant ça, je fais un raccourci. Je devrais plutôt dire que je n'aime pas cette beauté standardisée qu'on nous vend partout. J'aime les visages expressifs et les cheveux qui grisonnent. Les stars hollywoodiennes pour adolescentes me laissent de glace. Mais à se gargariser de beauté plastique et d'esthétique chirurgicale on qualifie maintenant de laid tout ce qui ne rentre pas dans le moule. Jean-Pierre Ferland n'a jamais été laid malgré son profil chevalin qu'il a tant critiqué lui-même! Ce n'est pas ça, être laid.

Vous l'écrivez très bien en parlant d'une de vos ex-fiancées : « Un petit début de moustache, oh, presque rien. » Ça, c'est la vie normale des gens normaux. Des gens qui ne passent pas leur temps dans les salons de beauté, mais qui brinquebalent leurs névroses d'un boulot à l'autre, d'un projet à l'autre, d'un fiancé à l'autre. Et puis qui disent dans un lit : « J'ai les oreilles décollées », « Tu me trouves pas un peu trop grosse ? » ou « Je hais mes pieds ». Ils le disent parce que c'est ainsi, parce qu'on a la chienne, parce qu'il faut extérioriser la peur d'être rejeté.

Mais où est la laideur ? Je vous parle d'une vraie laideur. Je vous parle des portes qui s'ouvrent vers la monstruosité. C'est ça, le tabou. Pas des petites laideurs du quotidien. Des visages qui font peur, des corps qui déraillent. Ceux qu'on envoyait au cirque

Barnum, on en fait quoi aujourd'hui? On les parque dans des tours de bureaux, je suppose, puisque tout le monde a le droit de travailler. Même les laids. Ils se parquent eux-mêmes devant leurs écrans, sans doute, parce que les relations virtuelles c'est toute une richesse quand ton corps pose problème. Ton corps trop concret.

Comment disiez-vous dans votre chronique?... «Un petit début de moustache, presque rien». En effet, un début de moustache, ce n'est presque rien... Mais qu'est-ce qui arrive avec ceux qui ne s'arrêtent pas au «presque rien»? Qu'est-ce qu'on fait avec la femme à barbe?

On répète souvent que tous les goûts sont dans la nature et que la beauté, la laideur, que tout cela est bien relatif. En effet, la laideur n'a rien d'objectif. Mais quand elle va plus loin que nos petits complexes inter-changeables, quand elle dépasse le «presque rien», la laideur devient parfois consensuelle. Et cruelle.

En communauté

J'ai été ébranlée par *Des hommes et des dieux* de Xavier Beauvois, mais moins que bien d'autres avant moi. J'ai cru à presque tout de ce film (sauf peut-être à cette complète unanimité des habitants du village quant à la présence du monastère). Mais ce qui m'a surtout touchée, c'est le sentiment de communauté.

Je suis athée du bout des orteils à la pointe des cheveux et pourtant fascinée par les rituels et par la vie en communauté. J'ai souvent posé la question ces dernières années : « C'est quoi l'équivalent aujourd'hui d'entrer chez les sœurs ? » J'aurais voulu marquer ma condition, marquer publiquement mes choix. J'aurais voulu que célibataire veuille dire autre chose qu'en attente de l'amour salvateur. J'aurais souhaité qu'être célibataire ne fasse pas pendre au bout de la vie cette idée horrifiante : mourir seule.

Toutes les sociétés traditionnelles savent quoi faire de leurs célibataires. Évidemment, ça ne donne pas beaucoup de liberté. On est passé des choix rigides qui ne toléraient pas de retour en arrière à une étrange impossibilité de se penser en-dehors de la relation amoureuse. Je ne veux pas dire « en dehors du couple » parce que notre culture regorge d'exemples de vie de célibataires « épanouis ». Mais un célibataire épanoui est quelqu'un qui en profite, c'est-à-dire qu'il tire profit de sa situation pour être polygame en toute légitimité. Il est tout de même tendu vers la rencontre et vers un certain espoir.

C'est fascinant comment la question de la vie amoureuse occupe l'essentiel de nos neurones disponibles et de nos conversations. C'est ça qui m'épuise. De voir, de sentir que la question « Pis, quoi de neuf ? » parle de ça. Que de ça ! Ou à la limite, si tu changes d'emploi, peut-être, ou si tu comptes enfin écrire un livre. Ou si tu as des problèmes de santé. Mais sinon… Tu ne peux pas parler de tes préoccupations métaphysiques en réponse à « Quoi de neuf ? »

Résultat : depuis que je ne suis pas entrée chez les sœurs mais presque, mes amies ne savent plus trop de quoi me parler. Suffit qu'un gars se pointe le bout du nez pour que ça se jette sur moi comme la misère sur le pauvre monde : « Pis, pis, pis… » Puis rien ou en tout cas presque rien. Je n'ai plus envie de caqueter. Je n'ai plus envie de conciliabule pour comprendre l'utilisation des points de suspension à la troisième phrase d'un courriel. J'aurais envie de pouvoir rencontrer un homme sans me noyer dans des considérations absconses sur le sens secret d'un regard en biais.

Cette période de ma vie se solde par une absence de réponses. J'aurais voulu, à la limite, devenir croyante. Mais ces choses-là ne s'inventent pas.

J'aime dans la vocation cette idée de jeter la serviette sur une partie de la quête humaine (l'âme sœur ?) pour se concentrer sur autre chose. Sur l'intériorité, l'intellect, la spiritualité justement. « C'est quoi l'équivalent d'entrer chez les sœurs aujourd'hui ? » Ça n'existe pas. Des jeunes femmes athées, on s'attend à ce qu'elles assument leurs choix sans que celui-ci soit marqué d'un rituel et d'une annonce à la collectivité. C'est une bonne chose, ça leur donne le droit de changer d'idée. Entre-temps, elles endurent les « Pis, pis, pis... » dont les bonnes sœurs pouvaient se dispenser. Et elles envient la vie en commun des religieux.

Du film de Xavier Beauvois, je retiens donc l'humanité et la collectivité. Les jardins et les chants (magnifiques, grandioses). Un certain idéal collectif calqué sur des rituels. Le calme, l'intériorité, la solidarité. Je retiens une certaine acceptation du cours des choses. Une acceptation dont je ne sais s'il faut se réjouir ou la déplorer. Moi qui suis épuisée, devant les films d'action, à voir des héros se battre dans des conditions impossibles, j'ai accueilli la scène finale à la fois mortifiée et soulagée.

Soulagée parce que tout le monde sait que le bateau coule à la fin. Tout le monde. Et que malgré l'angoisse, il y a quelque chose d'apaisant à savoir que ça y est. C'est maintenant. C'est fini.

Devant toute mort imminente, la lente déchirure s'achève. La fêlure permanente s'installe. Et quand elle s'installe doucement, comme un *fade out* qui nie la violence pourtant évidente, alors la fêlure épouse en vous le vide qui ne vous aura jamais quitté.

Pour l'amour de Dieu: Infidèle(s)

Je pourrais réagir au dernier film de Micheline Lanctôt sous plusieurs angles. Film sur l'amour, le désir et leurs travers, son contexte historique (certains diraient passéiste) ne devrait pas nous faire perdre de vue sa profonde universalité.

Premier constat, c'est le désir qui intéresse la cinéaste au premier chef. Cette obsession de l'autre, un truc qui vous accapare tellement les viscères comme les neurones qu'en surgit une envie de crier. Un sentiment d'être dépossédé, si ce n'est de soi, au moins du contrôle de soi. Le cri que pousse Geneviève Bujold à la fin du film résume à lui seul tout cela : la fascination et la douleur de sentir l'autre en soi. Malgré nous.

En sortant du cinéma, mon impression la plus forte était d'avoir vu un film sur l'infidélité. Il met en scène de façon brillante cette perte de repères qui naît lorsqu'une nouvelle force d'attraction semble vouloir nous détourner de notre voie. Le trouble et la culpabilité qui habitent les jeunes religieux ne sont pas si loin, me semble-t-il, de sentiments que la plupart d'entre nous connaissent.

Regardez-les sur leur balançoire, à ne pas se toucher, mais en touchant d'autant plus cet espace encore inhabité qui s'appellerait « nous ». Espace hypnotisant que ce « nous » interdit et qui ne peut être verbalisé.

Le silence est un profond liant. (Combien de fois j'eus envie de dire à des hommes : « Dis-le, après ce sera moins dérangeant. » Mais je me suis toujours tu, par crainte de me tromper et qu'une fois dit, le magma ne puisse plus être contenu.)

Regardez cette scène érotique (malgré tout) de deux religieux qui se balancent et pensez à ces deux collègues que vous avez observés, rougissant autour de la machine à café, l'un riant trop fort d'une répartie que l'autre ne voulait pas si drôle. Les deux sont en couple. Pourtant. Vous observez la scène. Vous ne jugez pas vraiment. Vous êtes même un peu touché (à moins que vous soyez sans cœur ou trop récemment cocu...). Parce que c'est touchant, le désir (du moins quand on sent autre chose qu'une chasse pour la viande).

Sœur Cécile prie sans y parvenir vraiment. Entre ça et être couché, dans son lit conjugal, en train de penser à quelqu'un d'autre, rongé par une insomnie inconfortable... La même stupeur devant une trahison qui n'est pas consommée. Où le silence, les faux-fuyants, la course en avant semblent servir uniquement à la sédimenter. La tentation survit, malgré la déliquescence des institutions.

Malgré aussi la notion de vœux qui s'étiole. C'est qu'en plus de la disparition des vocations, le « pour la vie » des mariages s'affaiblit. Quand on tente d'y croire, c'est toujours avec cette idée que les statistiques ne sont pas tellement nos amies. On y croit par amour, par espoir et pour vaincre le cynisme. Je n'écris pas cela par nostalgie ; il me semble au contraire que « changer de vie » est une importante liberté que nous avons gagnée. (Je ne suis pas toujours certaine que nous sachions bien quoi en faire, mais c'est un autre problème.)

D'une époque où le choix « pour la vie » se faisait, pour l'essentiel, entre deux institutions (la religion ou le mariage), nous sommes passés à une époque où une seule institution survit (le couple et la famille), ne s'opposant à rien d'autre qu'au célibat. Ce dernier n'est donc plus perçu comme un choix, mais comme une fatalité. Une salle d'attente, un purgatoire.

De là à conclure que les célibataires sont un peu une menace, électrons libres naviguant entre des couples qui les ressentent comme des écueils potentiels... Je pense qu'il est rassurant de blâmer pour le désordre ceux qui dans l'équation, dit-on, n'ont rien à perdre.

Comme si chaque fois que le cœur nous saute dans la poitrine nous ne nous mettions pas nous aussi en profond danger. Près du fossé, faute de quelqu'un à regarder respirer dans une nuit blanche, nous caressons notre inconfortable sentiment de nous trahir nous-mêmes.

Rien à perdre ? Et mon équilibre, bordel ?

Pour l'amour de Dieu: Jalousie(s)

Si en sortant du visionnement de *Pour l'amour de Dieu*, je n'en avais que pour l'infidélité qui m'apparaissait comme le motif prédominant de la proposition de Micheline Lanctôt, maintenant une autre image m'habite. Plus silencieuse, plus en profondeur. J'y repense souvent. Surtout que, récemment, j'ai beaucoup regretté d'avoir neuf ans quand je doute, douze ans quand j'aime. Regretté de ne pas savoir être adulte dans certains instants de ma vie. (Des amis répondent à cela que nous sommes tous ainsi. Que personne n'est adulte quand il s'agit de se laisser aller. Vraiment? Vous aussi?)

Mais revenons à cette scène quand Léonie, dix ans, découvre qu'il se passe quelque chose de fort entre ce jeune frère dominicain qui la fascine et son enseignante. Ce lien qui concerne deux personnes qu'elle aime la déleste de tous les possibles. Léonie, couchée dans son lit, fait une crise de larmes et de colère. Une crise de jalousie avec toute l'inélégance que cela implique. On y lit cette immense douleur qui vous sert la gorge et la poitrine. Entre larmes et hurlements. Pleurer ou battre. Une crise digne d'un enfant de dix ans... mais qu'on peut revivre à tous les âges.

Sur le modèle des pubs de la Société Radio-Canada, « J'ai 75 ans », nous pourrions développer une série de macarons «Aujourd'hui, j'ai 10 ans». J'arborerais le mien fièrement chaque fois que le trac me rend dingue avant une soirée mondaine ou encore, lors des lendemains difficiles, pires que la pire des cuites, quand tu as compris que Lui (avec une majuscule, s'il vous plaît), il en pince pour une autre que toi. Ces lendemains où, quand l'aube pointe, tu te réveilles déjà avec au cœur le souhait d'avoir rêvé tout ça. Tu n'y comprends rien, mais ce ne sera pas toi. Comme tu n'y comprends rien chaque fois, alors tu finis par te dire qu'il n'y a rien à comprendre. Cette fois encore on a cueilli une autre fleur. Sans raison objective. Il n'y a rien d'objectif en ces matières. (J'écris au présent, mais c'est pour que ça sonne mieux. Je ne me casse plus les dents qu'au passé.)

D'ailleurs, ça me rappelle une conversation de bar dans une autre vie avec une fille que j'aimais bien, mais qui n'est pas restée mon amie. J'étais dans une mauvaise passe (la classique passe de l'homme déjà pris): «J'aimerais savoir ce que je peux faire pour le convaincre.» J'ai vu la pitié dans son regard et elle m'a expliqué un truc que j'aurais dû savoir depuis longtemps, un truc que t'es censé apprendre avant vingt-cinq ans. Que l'amour, ce n'est pas une cause en justice, ce n'est pas une question d'argumentaire. Ce n'est généralement même pas une question de stratégie. C'est un truc qui advient. Ou pas. (Je veux dire:

comme c'est un truc qui advient, il reste l'option que ça n'advienne pas.)

Revenons à Léonie. L'émotion de cette scène est très juste. Léonie vit quelque chose de troublant, qu'on appelle jalousie faute de mieux, mais qui est plus large que cela. C'est le rejet, c'est l'impuissance surtout. C'est l'absurdité d'un sentiment qui n'a plus aucun sens s'il n'est pas partagé. J'ai souvent répété qu'aimer, c'est se raconter la même histoire en même temps. Une histoire que tu te racontes seul, ce n'est pas de l'amour, c'est de l'acharnement.

C'est ça qui est heurtant : l'idée qu'aimer à sens unique est radicalement contradictoire. À partir du moment où on admet qu'aimer, c'est être à l'écoute de l'autre, aimer quelqu'un malgré lui, c'est un peu lui faire violence.

Ce qui fait mal dans cette scène courte, parfaite, poignante, c'est tout l'irrationnel des sentiments. Et ce qu'ils pousseront Léonie à faire. Parce que devant une douleur aussi difficile à contenir (celle de se sentir rejetée, de ne pas être l'élue), elle tentera de tout saboter.

Le film laisse entendre que si, dans sa souffrance, Léonie sort ainsi les griffes, c'est à cause de son âge. Pour ma part, je pense à bon nombre d'adultes à qui, dans de telles circonstances, je pourrais offrir un macaron « Aujourd'hui, j'ai 10 ans » sans aucune hésitation...

Touche pas à ma pulsion

C'est un article du journaliste Mark Oppenheimer[1] qui a attiré mon attention sur la pensée de Dan Savage, auteur qui tente de démystifier l'infidélité. L'infidélité : un sujet si intime qu'il nous est difficile de l'aborder en gardant la tête froide. Rapidement, nos histoires, nos envies et nos douleurs interfèrent dans la lecture.

Sur le sujet principal, disons simplement que je suis assez sensible à l'argument de Savage : nous sommes hypocrites quant à nos attentes de monogamie. (Il faut dire que l'hypocrisie est un tel liant social.) Je suis aussi sensible aux critiques qu'on lui adresse, entre autres sur le fait qu'un paquet de femmes (surtout) vont accepter des comportements qui ne leur conviennent pas dans un jeu de compromis pour sauver leur couple.

En effet, dans son principe du GGG (*good, giving and game* – habile, généreux et audacieux), Savage estime que des conjoints doivent pouvoir exprimer leurs envies et montrer de l'ouverture face à celles de l'autre. Ce qui me chicote surtout, c'est qu'il ne semble jamais considérer qu'une pulsion puisse représenter un problème pour l'individu qui la vit.

---

1. Mark Oppenheimer, « Married, With Infidelities », *New York Times*, 30 juin 2011.

Nous nous sommes beaucoup battus (et nous battons encore) pour nous libérer de la contrainte sociétale et morale face aux désirs sexuels, particulièrement quant à l'orientation sexuelle. Or, par un certain détournement, il semble que ce combat ait mené à une idéalisation de la pulsion sexuelle comme quelque chose qui ne doit jamais être freiné. On la présente souvent comme pure ou vierge, pas souillée par notre intellect ou nos émotions, comme un relent de « vérité primaire ». Ce discours m'exaspère au plus haut point. Dans ce moment de l'histoire où le tabou le plus inavouable est peut-être d'avoir des tabous, tout désir entre deux adultes consentants est considéré comme une bonne chose, un pas vers leur épanouissement personnel.

Or, si ce que la société pense des pratiques sexuelles des gens ne m'intéresse guère, je trouve assez illusoire de croire que la pulsion sexuelle soit toujours pure. La pulsion sexuelle est comme n'importe quoi, teintée de nos expériences, de nos cicatrices, de nos peurs, de nos limites. Et certaines pulsions sexuelles peuvent nous être nocives. Un adulte consentant n'est pas un bloc monolithique de pensées et de valeurs cohérentes. Rien ne prouve (bien au contraire) que répondre à sa pulsion sexuelle soit toujours gratifiant.

Le sexe est bien le seul domaine où « Écoute ton besoin » semble être la réponse universelle. Il ne nous viendrait pas à l'esprit de dire à n'importe qui de toujours écouter son besoin en matière de bouffe, d'alcool, de magasinage et que sais-je encore. Mais le sexe, ça, le sexe... Ça ne procure que du bien, surtout s'il y a un orgasme à la clé.

Certains de mes amis n'oublieront jamais un mémorable club de lecture où j'ai explosé lorsqu'un participant, discutant du *Putain* de Nelly Arcan, affirma : « Elle aime ça, elle jouit. » Ça apparaît sans doute un contresens pour certains esprits simplistes, mais l'orgasme n'est pas, en soi, garant de bonheur...

Pour revenir à l'infidélité, j'ai connu des hommes très volages, dont certains avaient même des ententes de couple, et qui pourtant n'étaient pas épanouis. Parce que la pulsion est le fruit d'un parcours, souvent inconscient, souvent très intime, et qu'il peut y avoir, dans ce parcours, quelque chose qui moisit et qui provoque une pulsion qui n'a rien de sain. Vivre sa pulsion, c'est parfois juste réveiller l'odeur nauséabonde qu'elle camouflait. La maîtriser n'est pas, à tout coup, une mauvaise idée... que ce soit pour soi, ou pour l'autre.

Que le couple doive se sortir d'une certaine hypocrisie pour survivre, je le veux bien. Que la solution se résume à vivre toutes nos pulsions sexuelles, ça me semble assez réducteur. Ce n'est pas parce qu'un plaisir, coupable ou non, laisse un bon goût sur la langue qu'on peut toujours faire l'économie du mal de tête qui suivra.

De l'envie

> *Je ne sais pas si l'amour rend aveugle, mais j'ai pu croire que la solitude rendait clairvoyant.*
> Sophie Fontanel[1]

J'ai cherché comment je parlerais de ce roman. C'est intimidant les livres que tu ne peux pas prendre avec détachement.

Ce n'est pourtant pas sorcier : je lis un livre, j'en parle, les gens demandent si c'est bon… (C'est toujours ça que les gens demandent quand on parle de culture ; c'est quand même un peu une histoire de consommation.)

Ce n'est pourtant pas sorcier, mais je fige. Est-ce que c'est bon ? Je ne sais pas. Nécessaire, sûrement…

J'ai cherché comment je parlerais de ce livre, et la réponse est venue des médias, une fois de plus. « Au fond, vous détestez les hommes ? » a demandé un journaliste de France Inter à l'auteure. J'accuse le coup et je constate que Sophie Fontanel a raison dès la première page de son roman : l'absence de vie sexuelle est peut-être la pire insubordination qui soit.

Dans ce roman dont l'importante part d'auto-fiction ne fait pas débat, Sophie Fontanel s'attache

---

1. Sophie Fontanel, *L'envie*, Paris, Robert Laffont, 2011, p. 85.

à décrire la vie d'une femme qui a choisi de sortir, pour un temps indéterminé, le sexe de sa vie. Il ne s'agit en rien d'un roman psychanalytique, les raisons de son choix ne sont même pas réellement exposées. On comprend entre les lignes que la protagoniste en est venue à être fatiguée d'une vie sexuelle où elle ne se retrouvait pas, mais l'emphase n'est pas mise là-dessus. L'auteure insiste plutôt sur les conséquences d'une telle décision, autant au plan social (l'incompréhension), qu'au plan socio-affectif (le rôle de confidente), qu'au plan sensuel (le développement d'un nouveau rapport au corps).

Tout au long de la lecture, j'ai été frappée par mon impression d'être confrontée à une radicale impudeur. Est-ce que tout peut se dire sauf l'absence ? Tandis qu'il serait à peine surprenant de lire l'histoire d'une célibataire qui multiplie les conquêtes, celle d'une femme moderne qui choisit l'abstinence semble presque inconvenante. Comme s'il y avait là quelque chose d'anormal, de névrotique à la limite (de plus névrotique que quelqu'un qui multiplie les conquêtes). À ce propos, Sophie Fontanel écrit : « Ma liberté devait être assortie d'une disponibilité, sinon elle était en désordre[1]. » Le célibataire aujourd'hui est

_____

1. *Ibid.*, p. 49.

celui qui attend. Pas nécessairement le couple, mais au moins le partenaire.

Or, dans ce rôle de confidente qui est maintenant le sien, la narratrice est bien placée pour observer comment les uns et les autres sont finalement tous tiraillés par leur sexualité. Elle en profite donc pour remettre en question des lieux communs largement admis, comme cette idée que les gens qui ont plus de sexe vivent plus en santé. Quel sexe ? À quel prix ? Nous nous gargarisons de ces généralités comme si le sexe n'était qu'un complément chimique, une vitamine qui, consommée une fois par jour, vous assurerait des suppléments vitaux. Comme si, en ces matières, le plus dense de notre intimité n'était pas impliqué, au risque, aussi, de s'y blesser.

Par moments, la narratrice découvre une nouvelle liberté à se penser en dehors de la sexualité : « Je mettais dans mon sourire ce qui n'était pas mon corps et savait voler[1]. » Mais petit à petit, l'absence se fait sentir. Elle parle ainsi d'un sage massothérapeute indien qui lui fera ce frontal diagnostic : « *Necessity body*[2] ». Tout ce livre parle du fait qu'être, c'est aussi être avec l'autre ; être incarné, c'est aussi être un corps dans le regard, la main, le corps de l'autre. Être soi

---

1. *Ibid.*, p. 107.
2. *Ibid.*, p. 130.

pour enfin savoir offrir «ma possible noirceur comme un cadeau du ciel[1]».

Donc, ce journaliste et ses questions bêtes. Ce journaliste qui n'a sans doute pas lu ou alors rien entendu : «Au fond, vous détestez les hommes ?» Moi j'aurais répondu : «Surtout pas. Je les aime de plus en plus. Il était grand temps.»

Le propos de Sophie Fontanel me semblait pourtant clair : c'est aussi par respect pour l'autre qu'on décide de mettre fin à une mascarade où on n'a toujours offert que l'ombre de soi.

---

1. *Ibid.*, p. 152.

Sexe tristesse

> *On se demande vraiment ce qui a pu se passer pour que la révolution sexuelle passe du cul au cul-de-sac à ce point. Comme si Thanatos avait gagné contre Éros.*
> Chantal Guy[1]

> *Sexe désincarné, machinal et clinique, constamment interrompu, sur un matelas de lit simple installé à même le sol d'un appartement miteux, dans Nuit #1. Sexe figé dans les archétypes de la pornographie, incapable d'exister dans la réelle intimité, dans des appartements de luxe avec vue sur les gratte-ciel new-yorkais, dans Shame.*
> Marc Cassivi[2]

« Le sexe triste est-il un constat ou une posture ? » C'est Chantal Guy qui posait la question dans une conversation sur Twitter. Dans leurs chroniques respectives, elle et Marc Cassivi concluaient qu'au cinéma comme dans les bouquins, l'époque est à la jouissance déçue, au coït gris cendre.

---

1. Chantal Guy, « Virilité du roman », *La Presse*, 10 décembre 2011.
2. Marc Cassivi, « Sexe triste », *La Presse*, 13 décembre 2011.

Il me semble qu'un artiste n'est jamais complète-ment hors de la posture, y compris quand il fait un constat sur sa société et son époque. Le sexe triste serait donc à la fois posture et constat.

Précisons d'abord que si le sexe triste est répandu, on ne peut tout de même pas dire qu'il soit à la mode. Qu'est-ce qui est à la mode ? Des vidéoclips où chaque pose adoptée par une chanteuse populaire semble une invite ; des émissions où des jeux sexuels deviennent des stratégies pour gagner des prix ; des revues de tout genre où on vous apprend comment faire bien les choses qu'il faut faire pour garder votre conjoint sexuellement épanoui.

Le sexe a donc le caquet bas dans une partie de la production culturelle, mais en même temps, dans la culture de masse, il continue à être présenté comme une source de plaisirs purs et de jouissance inégalée. Comme je l'expliquais dans le billet « Touche pas à ma pulsion », le sexe est bien le seul domaine dans lequel « Écoute ta pulsion ! » semble la réponse *one-size-fits-all*. Comme s'il n'y avait pas, dans nos pulsions, des névroses qui nous mènent parfois au pire endroit.

Dès qu'on ose défendre l'idée qu'il y a peut-être un côté sombre à la sexualité (même quand elle se fait entre adultes consentants), il y a quelqu'un pour nous accuser de trouver que « le sexe, c'est mal ». Ça m'est arrivé sur Twitter le soir où l'écrivaine Sophie

Fontanel était à *Tout le monde en parle*. On peut aussi lire ce genre de commentaires sur les articles de *La Presse* mentionnés. Pourtant il me semble que les nuances entre « le sexe, c'est mal » et « le sexe peut faire mal » ne sont pas très difficiles à saisir.

Le constat, c'est sans doute que le sexe ne se résume pas à ce discours globalement jovialiste qu'on entend partout. Un discours qui tend à présenter la sexualité comme un passeport direct pour la liberté. Un discours qui, sous prétexte d'une société qui a tué les tabous, fait l'économie d'une réflexion sur la complexité émotive de nos choix sexuels. Il semble que la seule question pertinente soit de savoir s'il y a, ou non, de l'amour en jeu. Comme si, dans le sexe (au-delà de la question amoureuse), il n'était pas aussi question de complexes, de désirs, d'abandon, de tendresse, de peurs, d'angoisses, de pouvoir, de rejet, de besoin de plaire, d'intimité, de plaisirs, de douleurs, etc.

Dans son roman *L'envie*, Sophie Fontanel s'applique à démontrer que derrière le vernis, rares sont les gens complètement épanouis dans leur sexualité. Y compris dans les couples... Combien de couples que je croyais parfaitement heureux se sont révélés, le jour de leur séparation, vivant presque en blanc depuis deux, trois, parfois cinq ans... Quelle surprise d'apprendre que des gens qui sont en couple depuis des années se sentent mal dans la nudité du corps de l'autre, dans leurs fantasmes, dans le rapport qu'ils font (ou non) entre désir et tendresse. La libération sexuelle offrait de nombreuses clés, elle ne garantissait pas le paradis.

Le problème de la pensée jovialiste sur la sexualité, c'est qu'elle fait passer tout doute, toute douleur, toute insécurité pour une anomalie. Le sexe fait partie des choses qu'il est incontournable d'aimer sans nuances, comme l'été, les vacances, le chocolat et le temps des fêtes.

En effet, tout comme Noël, le sexe est présenté comme une source obligée d'allégresse. Si vous vous entêtez à voir la mélancolie dans les fêtes de fin d'année, vous êtes un rabat-joie. Si vous vous entêtez à voir les blessures dans les pratiques sexuelles, vous êtes un pudibond.

Alors, constat ou posture? Constat puisque je sens la mélancolie qu'on nous cache et je constate les blessures que l'on tait. Posture puisque j'aime bien la mélancolie et je trouve qu'il n'y a rien de plus beau que les gens qui assument leurs blessures.

Lesbienne (ou pas)

J'ai bien aimé le numéro d'*Urbania* sur les lesbiennes et bien qu'on ne m'ait pas demandé d'y participer, j'ai décidé que je témoignerais à partir de mon blogue.

Je ne suis pas lesbienne, voilà ce que je voudrais dire.

Plusieurs personnes de mon entourage l'ont pensé (le pensent!) et ça me fait de la peine à chaque fois.

Ça me fait d'abord de la peine pour les lesbiennes. Pourquoi veut-on toujours leur refiler les vieilles filles qui ne pognent pas? C'est sans doute un vieux fond traditionnel qui nous pousse à croire qu'un célibat prolongé est signe d'homosexualité refoulée. Faudrait en revenir. Il se trouve qu'il y a plein de bonnes raisons d'être célibataire (et des meilleures, oserais-je dire). Dans la plupart des cas, il n'y a même pas de raisons. Pour tout dire, c'est souvent un truc pas très raisonnable ou raisonné, le célibat. Et n'essayez pas de retourner la causalité, c'est entendu depuis longtemps : on ne devient pas lesbienne parce qu'on ne pogne pas avec les gars.

Ça me fait aussi de la peine parce que je me dis qu'on a une bien piètre image de moi pour s'imaginer que je m'en cacherais. Pourquoi? Ne suis-je pas entourée de gens tellement ouverts d'esprit qu'ils sont prêts à me sortir d'un placard où je ne suis pas?

En fait, ils sont tellement larges d'esprit qu'ils sont capables de construire un placard et de m'enfermer dedans pour me donner le bénéfice d'en sortir.

On a beau être ouvert d'esprit, c'est difficile de ne pas sombrer dans la facilité des étiquettes, pas vrai ? Ça éclairerait tellement de choses. Une adolescence torturée qui s'explique soudain : l'identité sexuelle à la rescousse. Ce côté féministe chialeuse aussi, on pourrait le ranger sous un toit. J'avoue que si le monde était un centre d'achat, me classer dans le rayon des lesbiennes permettrait de pondre un récit très cohérent de qui je suis. Je pensais que l'étiquette « intello » expliquait bien des choses, mais il semble que ça ne suffise pas. (Pourtant, n'est-ce pas un argument en or pour justifier le célibat ?)

Ce qui me fait surtout de la peine, c'est que pour croire que je sois lesbienne, il faut bien peu m'écouter (ou refuser de m'entendre). Quand j'ai un faible pour quelqu'un, j'ai toujours le sentiment qu'il me pousse un gyrophare dans le front et que mon cœur, en s'accélérant, fait le bruit d'un camion qui recule. Je ne suis pas, voyez-vous, un apôtre de la discrétion. Me semble que quand j'ai un *kick*, même si c'est un petit *kick* de rien du tout, le Québec en entier (et maintenant le Canada français avec lui) est au courant. C'est tellement humiliant, imaginez-vous pas que je mets ça en scène pour détourner l'attention d'un amour lesbien que je vivrais en secret. Ce serait mille fois moins gênant d'avoir une blonde que d'avoir l'impression, quand tu rougis, que tu feras la une du journal à potins des *nobodys*.

La seule chose que je peux vous concéder, c'est que j'adore les seins. Je trouve que c'est vraiment une invention magnifique. (Sait-on qui a le brevet?) C'est doux, c'est beau, c'est rond. Wow! Mais voyez comme la vie est pleine de surprises, cette adoration des seins n'a pas été suffisante pour que je change d'équipe. Il y a des gens étranges qui soutiennent que l'attirance sexuelle n'est pas qu'une question de peau...

OK, l'autre chose que je peux vous concéder, c'est que je crois avant tout à la rencontre. Eh oui, qui sait, peut-être qu'un jour je rencontrerai une femme qui me fera vibrer tous les chakras. Je ne dis pas que c'est impossible. Simplement que, pour l'instant, même privé de seins, c'est encore le modèle masculin mélancolique qui me chatouille. À mon grand désarroi...

Et ne venez pas me dire que ce serait peut-être plus simple avec une femme. On ne devient pas lesbienne, non plus, pour moins se prendre la tête. Ce qui est compliqué dans les relations humaines... c'est l'humain. Pas les chromosomes.

Un tout petit exil

Fuir n'est pas seulement partir,
c'est aussi arriver quelque part.
Bernhard Schlink[1]

Début janvier. Pour la première fois, en plus d'un an, j'ai le blues de Montréal. C'est la faute à Twitter, je crois. C'est que ça gazouille fort dans la métropole et ça donne cette fausse impression que, si tu y étais, toi aussi tu baignerais dans le *glamour*, le bon vin et les nouveaux amis. Heureusement, pas née de la dernière pluie, je suis passée par d'autres phénomènes de pseudo-sociabilité *geek*. Je sais tout ce qui relève de mes fantasmes dans cette impression que ça bouge où je ne suis pas. Je sais surtout que, malgré tous mes efforts, je reste un ermite solitaire et que j'aurais beau courir le monde pour suivre les gazouillis, j'aurai toujours envie de rester de mon côté à observer de loin le branle-bas de combat.

Ce n'était pas une raison pour ne pas rentrer quelques heures, histoire de prendre une gorgée de Montréal et de dire bonjour aux copains (ceux d'avant, dans le temps où on ne se tatouait pas #FF sur une fesse pour se dire qu'on est important!).

---

1. Bernhard Schlink, *Le Liseur*, Paris, Gallimard, coll. Folio, 1999.

En débarquant de l'autoroute Ville-Marie, une émotion. Coin René-Lévesque et Berri, on dirait que ça respire mieux. Il fallait sans doute qu'apparaisse l'UQAM dans mon champ de vision pour accentuer l'impression de rentrer chez moi. Ce n'est tout de même pas parce que c'est beau, hein?

Ça m'a fait réaliser que les lieux me manquent beaucoup. Mes lieux de mémoire. Quand je vois l'UQAM, je ne vois pas une douteuse architecture dans les tons de brun, je vois dix ans de ma vie en accéléré. J'ai tout fait dans cette université. J'y ai dormi la nuit même si on n'en avait pas le droit. J'y ai pleuré la mort d'une amie. J'y ai pris de méchantes brosses. J'y ai fait la grève, évidemment. J'y ai mis l'épaule à la roue pour fonder un syndicat. J'y ai fait l'amour aussi. J'y ai enseigné (mais pas à la même époque où j'y faisais l'amour, rassurez-vous). Je me suis fait planter des couteaux dans le dos. J'y ai même étudié.

À Montréal, c'est comme ça partout ou presque. Je passe devant un bar et je vois un film. Je suis sur un coin de rue, j'écris un roman. Vous êtes dans cette ville et j'y suis avec vous. Les souvenirs se superposent les uns aux autres. Le métro Mont-Royal sera toujours le lieu d'une douleur insoutenable et, pourtant, je ne peux pas nier que c'est aussi le lieu d'au moins trois premiers baisers dont je me souviens très bien.

Quand on vit loin de nos lieux de mémoire, les souvenirs se réinventent, se tricotent autrement. Petit à petit les filtres s'installent et les images se dotent d'une nouvelle patine. Une texture qui est unique aux souvenirs lointains. Une texture qu'ils garderont puisqu'aucun petit rappel du réel ne nous oblige à replacer nos mises en scène intérieures.

Ce n'est pas pour dire que les lieux importent plus que les gens. C'est surtout que les gens vieillissent avec nous, avec leurs propres souvenirs mouvants, leurs propres filtres, leurs interprétations qui souvent chahutent les nôtres. Et puis, eux aussi, ils nous voient vieillir, alors des fois ils oublient. Ou alors ils achètent nos souvenirs et les récits que nous en avons faits. Les lieux sont plus stables, témoins muets.

Tout en me cherchant une place de stationnement sur le Plateau, je pensais à ceux qui sont partis de loin pour arriver ici. On évoque souvent que ces gens ont laissé derrière famille, amis, réseaux, emploi. Mais ils y laissent aussi leurs lieux de mémoire. Ces lieux banals ou magnifiques qui, quand on les croise, soulèvent la poussière sur des bribes de notre passé.

On peut partir pour fuir justement. Mais en se déracinant, on laisse toujours derrière du beau aussi. Il y a dans l'ombre des paysages qui nous ont vus avancer quelque chose qui relève de la parenté.

L'amélioration technologique n'y peut pas grand-chose. Les briques ne gazouillent jamais très fort.

Quelques conseils de drague (ou pas)

Nonobstant le fait que ma vie amoureuse est un échec cuisant, j'ai quand même quelques idées sur la drague. Mon idée principale est assez simple : la drague est une relation humaine et il y a des limites à techniciser une relation humaine ! Quand mes amies me demandent *comment* s'y prendre – parce que malgré ma flagrante incompétence dans le domaine, elles continuent à me quêter des conseils –, j'ai tendance à répondre qu'il n'y a pas beaucoup de *comment*... Surtout du *qui*. Et sans doute un peu de *pourquoi*.

Mais je me trompe ! Grâce à l'émission *109* sur les ondes de Radio-Canada, je sais maintenant que tout s'apprend. L'émission nous ouvre les portes de cours de dragues (des *bootcamps*) offerts par l'entreprise Love Systems. Le reportage m'a affligée. Par exemple, on y entend le formateur affirmer : « On va vous enseigner ce que vous devez savoir avec les femmes. » Avouez que ça commence bien ! « La femme doit sentir que la valeur d'un homme est égale ou supérieure à la sienne. » Sans rire...

En bref, il s'agit d'apprendre aux hommes à aborder les femmes dans des lieux publics. L'animateur estime que cet exercice permet de redonner de la confiance aux hommes inscrits. J'aimerais dire que c'est tant mieux, mais permettez que je conserve mes doutes… Je n'ose même pas penser combien ça leur a coûté pour aller apprendre comment se ridiculiser en cinq étapes faciles.

S'il y a une chose qui m'horripile chez un homme qui drague, c'est bien quand j'ai le sentiment que je pourrais être n'importe qui d'autre. Je ne dis pas que ça doit être le grand amour ou rien. Mais même si c'est juste pour le cul, j'aime bien sentir que c'est pour le mien… Or, je ne vois pas comment un gars peut t'aborder avec une accroche *scriptée* sans te donner l'impression de n'être qu'un numéro… La séduction, c'est deux humains qui se percutent, pas une recette de Ricardo!

Prenons un exemple au hasard: moi! Parmi toutes les raisons récurrentes pour expliquer mon célibat éternel, la plus fréquente est que je manque de mystère. Les hommes aiment les femmes mystérieuses, ce n'est pas mon cas, donc je reste célibataire. CQFD[1]. Alors quoi? Je ne suis pas mystérieuse. Je peux bien essayer d'en avoir l'air, me la jouer regards vaporeux et présence évanescente. Si jamais je ne me couvre pas de ridicule en me prenant pour Isabelle Adjani, le pauvre gars va de toute façon vite déchanter. Je redeviendrai, plus tôt que tard, la fille rude et transparente,

---

1. Ce qu'il fallait démontrer.

frontale et assumée, qui pourfend les non-dits et qui refuse les silences complaisants.

Je suis comme ça. Il me faut un gars qui trouve ça adorable les intellectuelles chiantes. Sont rares. Je suis patiente. C'est banal de le dire, mais vaut sans doute mieux être seul que mal assorti.

Mais revenons à nos garçons. L'un d'eux pratique son approche sous la forme : « Excusez-moi, les filles, est-ce que j'ai l'air d'un vendeur de drogue ? Ça fait deux personnes qui viennent m'en demander. » Bon…

Admettons qu'il y a des filles qui aiment les gars timides, des filles qui vont craquer pour des regards fuyants échangés. Je ne dis pas que c'est facile, mais je dis qu'une fille qui aime les gars timides, elle risque de rester l'air bête si le gars dont le regard fuit depuis une heure se lève d'un bond pour venir lui dire de sa voix faussement assurée : « Est-ce que j'ai l'air d'un vendeur de drogue ? »

J'ajouterais, quitte à prouver que je suis vieux jeu, que je ne trouve pas inutile de s'excuser lorsqu'on interrompt une conversation. Or, le formateur insiste : il ne faut pas s'excuser de déranger des filles dans un bar. Si elles sont là, c'est que ça ne les dérange pas de se faire aborder. Voilà donc qu'on ne peut pas sortir dans un bar en souhaitant avoir la paix…

Je ne veux pas minimiser l'angoisse du célibat. Je comprends qu'on panique parce que rien ne fonctionne. Je comprends qu'on cherche des solutions et il y en a sans doute... mais jamais sous la forme d'un manuel Ikea. Ce que je comprends surtout, c'est qu'il y a toute une industrie qui se graisse la patte sur le dos de gens qui n'en peuvent plus de ne plus savoir comment faire.

J'ai pourtant la conviction qu'il y a peu à faire. Sinon sortir un minimum de chez soi et tenter d'être.

La mémoire du corps

Bashung est mort. Nous nous connaissions peu, lui et moi. J'étais trop jeune à ma façon. Une autre rencontre manquée.

Bashung pour moi, c'est un souvenir interposé. Un bar, un soir, un homme. Et dans l'air, l'impossible de nos histoires.

Son bras, mon épaule. Son odeur, sa voix. Moi ouverte, offerte. En vain. La nuit, je mens. Une étreinte de fin de soirée.

Dans mon oreille, il fredonne : « J'ai dans les bottes des montagnes de questions où subsiste encore ton écho. » En toute innocence, je suppose... J'ai rencontré trop d'hommes qui clamaient leur innocence pour larguer leur culpabilité face aux petites fins du monde de nos intimités.

Vrai : j'ai toujours été douée pour me monter des châteaux en Espagne. J'ai aussi été douée pour m'entourer de ceux qui savent les alimenter.

Évidemment, c'est du passé. Je n'ai plus de regret, ni de celui-là, ni de ceux d'avant, ni de ceux d'après. Je n'ai plus de regret et plus d'espoir. Je ne suis pas vraiment blasée, je n'ai même plus de cynisme. Je n'attends plus rien. Je suis ailleurs.

Cette semaine, je suis tombée sur la tête. Littéralement. Une plaque de glace, la neige folle de lundi matin, les pieds qui partent dans la rue, la tête sur le trottoir. Bong.

Depuis, chaque fois que je mets le pied sur une trace de glace, même cette glace granuleuse de printemps qui ne présente aucun danger, mon corps se rappelle le monde chaviré et je sombre dans une nanoseconde de panique. Bong! Et j'ai mal à la tête.

C'est fou quand même tout ce que le corps enregistre. Comment l'annonce du danger devient prégnante quand il a été expérimenté.

Il n'y a rien comme une femme dans mon genre pour rapatrier la mort d'un chanteur, l'accident de la semaine et ses amours déçus autour du même texte. Et si elle se respecte, elle finit ça par la mort en règle d'un lieu commun.

Parce qu'après tout, y a-t-il quelque chose de plus niaiseux que de dire qu'il suffit de ne pas avoir d'attentes pour que ça arrive.

Tout le monde a des attentes.

Sauf ceux qui n'ont plus que des appréhensions.

La tête, les couilles...

On aime un homme quand il est libre
Richard Desjardins

Puisque le cul, l'incontrôlable désir et l'infidélité font les hautes pages de l'actualité, je me suis dit qu'il était temps d'y revenir. L'affaire DSK, entre autres choses, entraîne son lot de blagues (et exceptionnellement de réflexions) sur la question.

À plus d'une reprise, j'ai exprimé mon ras-le-bol à propos d'une certaine propension des hommes à poser le désir hors d'eux. Une tendance à la victimisation, comme s'ils n'étaient pas vraiment concernés, que ça leur était tombé dessus, du ciel. Une tendance à se cacher derrière une biologie plus forte que leur volonté, dont le corollaire immédiat est de blâmer les filles qui ne font rien pour les aider.

J'insisterai sur les hommes, mais les femmes aussi se gargarisent souvent de cette idée que le désir est un phénomène incontrôlable, qui s'apparente à la maladie et contre lequel on ne peut rien. C'est absurde puisque le désir est une relation, une communication, et qu'il dépend tout entier de deux êtres et de ce qu'ils ont à se dire (au sens large). Je ne nie pas qu'il puisse être fort, vertigineux même, mais j'estime qu'il est 100 % entre nos mains...

Quand j'étais adolescente, je rêvais d'être irrésistible. Je pensais que ça n'arriverait jamais, mais je rêvais que quelqu'un me veuille tellement qu'il soit littéralement incapable de me refuser. J'envisageais que le désir se vive à travers une certaine brusquerie, une certaine urgence, quitte à en souffrir un peu. J'étais fascinée par l'idée que le désir d'un homme puisse être fort au point qu'il prenne des risques avec le confort de sa vie.

Bien que je l'avais cru impossible, j'ai finalement rencontré mon quota d'hommes qui m'ont dit que j'étais irrésistible. Dans le sens de : « J'aime ma blonde, mais je ne peux pas te résister. » Je n'étais jamais trop certaine de les croire, mais je le prenais comme un compliment. Avec le temps, j'ai compris que c'était un compliment en cheval de Troie. « Irrésistible » se retourne rapidement contre toi. « Irrésistible » devient vite « Elle a tout fait pour ça ». Dans « Irrésistible », il y a ensorcellement, il y a un homme dépossédé de lui-même, hors de ses moyens. Il y a un homme qui un jour dira qu'il ne voulait pas vraiment, mais qu'il n'a pas pu faire autrement. Il y a un homme qui dira que tu étais une erreur. Il y a souvent, aussi, une femme qui acceptera les excuses et sera la première à blâmer l'autre femme, celle qui abuse de la faiblesse de la chair.

Je suis frappée par la similitude des arguments qui justifient infidélité et violence sexuelle. Je ne sous-entends pas qu'il y a un lien direct entre les deux, mais il est fascinant de constater comment, dans l'un et l'autre cas, on dénoncera souvent une allumeuse. Comment, dans l'un et l'autre cas, il y a un homme qui dira qu'il ne savait plus ce qu'il faisait. Je suis étonnée par la persistance de cette idée de dépossession de soi et d'une certaine irrationalité du désir qui, sans excuser le geste, devrait pouvoir l'expliquer.

Dans une chronique au *Voir*, Tristan Malavoy-Racine traite des différents scandales sexuels du pouvoir et évoque une chanson de Grand Corps Malade qui m'a toujours mise mal à l'aise. « Comment des personnages qui ont tant à perdre peuvent-ils déraper à ce point, sachant qu'à l'ère du Net, la discrétion est une notion en indéniable voie d'extinction ? Une partie de la réponse se trouve sans doute dans une strophe de Grand Corps Malade, dont on pourrait faire le slogan de notre époque : "C'est à cause de c'combat qui s'agite dans notre corps/La tête, le cœur, les couilles discutent/Mais ils sont jamais d'accord"[1] ».

Le cœur, la tête et les couilles ne parlent pas le même langage ? Pourtant ils ne parlent pas sans vous : ils sont vous ! Reste à assumer vos contradictions, comme des grands garçons.

---

1. Tristan Malavoy-Racine, « Les années folles », *Voir*, 9 juin 2011.

Je constate que si je n'ai plus grand sursauts moraux devant les infidélités des autres, je n'ai plus de patience pour les états d'âme de ceux qui s'y compromettent.

Je réalise, aussi, que mes mythologies ont bien changé. Je n'ai plus aucune envie qu'on me trouve irrésistible.

J'ai envie qu'on me choisisse.

Tout ce qu'on dit

On se dit qu'on est l'élite éclairée. En rigolant, mais en se croyant quand même un peu. On se dit qu'on a appris à s'aimer, très sérieusement, les yeux dans les yeux du miroir ou dans le cerne de vin qui s'étend pendant qu'on monologue intérieurement. On se dit qu'on vaut plus que ça, qu'on vaut beaucoup, vraiment, après tout.

On se dit tout ça. On a trente ans. Et quand il est là, devant, on se dit, malgré nous, au fond de nous : « Il ne pourra pas s'intéresser à une fille comme moi. » « Comme moi » comme dans… comme dans… grosse, au fond, j'imagine. J'imagine que c'est de ça qu'elle parle la petite voix amnésique. J'imagine, mais elle est tellement plus forte que moi, régressive, que je ne la comprends pas très bien.

Régression. Je ne peux expliquer pourquoi, bien que je m'en doute, mais une régression certes. Je n'ai plus de vie sentimentale, sauf quand je me pâme sur le sourire d'une quelconque vedette rousse ou que je fantasme sur l'inconnu que je croise deux fois par mois dans la cage d'escalier. Je le fais en riant, mais au fond je ne ris pas tant que ça. Il n'y a plus dans ma vie, d'espaces de rencontre, parce que je les ai brûlés.

Ce qui ment, c'est que je peux continuer à jouer. Je sais dire la bonne phrase, je sais jouer avec les signes, comme un chat blasé qui donne un dernier coup de patte sur une souris déjà dépecée.

L'autre midi, je disais à un ami qu'il faudra que le prochain, il me veuille vraiment. Et qu'il vienne me convaincre de mettre de l'énergie dans tout ça. En même temps, je n'ai pas été habituée à ça, me faire vouloir. Je ne me rappelle pas avoir croisé ça, un homme qui voulait me séduire.

Ce n'est pas que je sois vraiment triste. Mais il y a quelque temps, au soleil de printemps, il est passé, j'ai dit ma petite phrase qui mord, mais pas trop. Et quand il a été parti, je me suis demandé pourquoi j'avais fait ça. Pourquoi j'ose encore draguer, par habitude, un gars qui n'a rien demandé. Le printemps n'excuse pas tout. Et je me suis dit que je devrais attendre qu'il vienne vers moi. Puis je me suis rappelée qu'il ne viendrait pas.

Dans ma vie, j'ai démoli des portes, dans toute ma délicatesse, en disant en substance : « En tout cas, si jamais ça te tente, tu vois que la porte est ouverte… »

On m'a dit que pour guérir, il suffisait d'inverser le schème. Ne plus ouvrir, attendre qu'on cogne.

On ne m'a jamais dit quoi faire si ça ne cognait pas.

Mon ange

Mon ange est partie. Envolé son bleu vers l'autre bleu. Elle disait que le petit Jésus savait quand ce serait son heure. C'était celle-ci. Je ne gaspillerai pas mes mots pour faire comprendre que le banal de la mort n'est pas banal.

Même la mort attendue. Même celle au ralenti, qui s'entasse depuis des mois, des mousses d'une vie qu'elle n'aimait pas. Que pourrait bien vouloir dire la vie quand on n'a plus l'énergie pour lire, plus la main pour écrire, plus les mots clairs pour s'exprimer. La vie ne voulait plus dire grand-chose même si elle s'accrochait. Même cette mort-là n'est pas banale.

Parce que c'est celle de quelqu'un qui me connaissait depuis tout le temps. Qui m'aimait sans demi-mesure, passionnément. Quelqu'un qui s'est battu dans une vie difficile, droite, fière, la médaille et son revers. Quelqu'un qui s'est envolé avec cette même fierté dans la joue, la lèvre et la tempe, cette fierté d'acier trempé.

Ce soir j'avais contre moi une fillette de sept ans et je parlais de la mort aux autres, avec des mots d'adulte, en oubliant sa sensibilité d'enfant. Elle s'est collée un peu plus. J'ai caressé ses cheveux en murmurant que des gens meurent parfois, qu'ils sont au bout de leur route. Et elle m'a répondu, dans cette étreinte naturelle : « Oui, c'est normal, parce que si on vivait trop longtemps, on vivrait vieux, vieux, vieux et on aurait des bobos et des maladies. Des fois c'est mieux comme ça. »

Voilà.

La mort est une banalité de fin de parcours. Je ne pleure pas de peine ce soir, mais d'émotions d'une vie disparue. De ses yeux bleus que je ne reverrai plus. De son humour et de ses caprices. De sa coquetterie et de ses coquineries. De toute cette vie qui n'est plus.

Ce soir, j'ai entendu la voix soulagée, mais cra-quée, de mon père orphelin.

Ce soir, je suis en deuil. À des kilomètres de la banalité et dans toute la grandeur de la vie et de la mort. Dans toute sa douleur et sa beauté.

Tous ces gens, toutes ces peines

Je sortais d'un spectacle de La La La Human Steps et je flottais vers le marché By, de ce pas caractéristique d'après les spectacles de danse. Ce pas léger qui vous fait croire que vous pourriez, vous aussi, avoir ce rapport libre à la gravité. Un sentiment qui ne dure que quelques minutes. (Ce même sentiment qui, enfant, m'a poussée à me lancer en bas de l'escalier après avoir visionné *Flashdance*).

C'est au passage piéton devant le Château Laurier que nous nous sommes croisées. Elle ne m'a pas vue, elle pleurait. Elle pleurait comme on pleure de désespoir, mais tout de même un peu gênée de s'exposer ainsi en public. Elle pleurait d'un pas décidé, marchant sans doute vers un endroit pour se réfugier, un divan contre lequel elle pourrait pleurer pour vrai. Pleurer en hoquet, pleurer en criant. Pleurer en frappant sans doute.

Elle ne pleurait pas comme on pleure en sortant du cinéma, les yeux rouges et avec un certain sentiment de liberté d'avoir été ainsi touché. Elle pleurait comme quand on vient de se faire laisser. (Elle pleurait comme j'ai pleuré à l'époque dans une file interminable à l'aéroport Charles-de-Gaulle, assise sur ma valise, me repassant en boucle l'impensable rupture que je venais de subir.)

Elle pleurait comme lorsque le monde nous tombe sur la tête. Perdre son emploi. Perdre son amour. Perdre sa santé. Elle ne pleurait pas d'émotion, elle pleurait comme quelqu'un à qui on a arraché un bras et qui doit pourtant traverser la foule, remerciant la vie que ça arrive le soir, qu'au moins il fasse noir.

J'ai été un peu trop lente. Deux temps de retard sur nos vies qui se croisaient. Je me suis retournée, j'ai voulu tendre le bras. «Are you OK?» J'aurais parlé en anglais pour être certaine d'être comprise du premier coup. J'ai hésité un trente secondes de trop, essayant de comprendre si elle avait plus besoin de solitude ou d'aide.

J'ai continué vers le nord. J'avais perdu mon pas léger de *wanna be* danseuse étoile et je me rappelais ces fois où la douleur ne pouvait pas attendre la solitude d'un chez soi. J'ai espéré qu'elle marchait vraiment vers son lit et pas vers un pont quelque part. J'ai eu peur, comme souvent, de ne pas en avoir fait assez.

C'est avec une certaine acuité que le reste de la soirée j'ai observé tous ces gens que je ne connaissais pas, que je ne connaîtrais jamais. Adolescente, je m'assoyais seule et j'observais les passants dont j'essayais de deviner les vies et les drames. Je captais des scènes du quotidien et j'y projetais tout ce que je rêvais d'une vie. Des amours, des déchirements, des familles. Des vérités qui ne seraient pas les miennes. (Ce n'est pas d'hier que je vis par procuration.)

En approchant de la maison, j'ai réalisé que chaque fois que je rencontre une personne qui prend une nouvelle place dans ma vie, je suis contente que ce miracle ait été possible. « Si j'étais mort avant de te connaître/ma vie n'aurait jamais été que fil rompu[1]. » Mais à côté des gens que j'aime, il y a tous ceux que je ne connaîtrai jamais, que je ne consolerai jamais. Que je n'aimerai pas, par omission !

En montant vers mon appartement, j'avais le pas lourd. Un peu mal aux genoux ces jours-ci. Je vieillis. Je me suis rappelé être montée ainsi, lourde d'autre chose, vers mon appartement montréalais de la Petite-Patrie, en me tenant à la main coulissante à bout de bras, me hissant littéralement, en douleur. Ce soir-là, j'avais craqué juste avant d'être rendue, je n'avais pas su attendre de refermer la porte derrière moi.

C'était quand donc ? Il y a quatre, cinq ans. Le temps file. C'était la dernière fois. J'aurais dû arrêter la jeune fille, m'assurer que tout allait bien. Lui offrir, si possible, de l'aider. J'aurais dû parce qu'être consolante, c'est le rôle que j'ai choisi. J'aurais dû lui suggérer d'éviter de dire « Plus jamais ». Parce qu'à force de les répéter, même sans y croire, les mots deviennent réalité.

---

1. Gaston Miron, « Ce que la mer... », *L'homme rapaillé*, Montréal, Typo, 1998, p. 111.

Siri Hustvedt et la psychanalyse

> *La plupart du temps, c'est comme ça. Nous ne faisons pas l'expérience du monde. Nous faisons l'expérience de ce que nous attendons du monde.*
> Siri Hustvedt[1]

> *J'ai souvent pensé que nul d'entre nous n'est ce que nous imaginons, que chacun de nous normalise la terrible étrangeté de sa vie intérieure au moyen de diverses fictions commodes.*
> Siri Hustvedt[2]

Il y a beaucoup de choses que l'on peut reprocher à la psychanalyse (et surtout à ceux qui lui vouent un culte). Il serait triste, pourtant, de jeter le bébé avec l'eau du bain. Il est vrai que certains défenseurs de cette approche ont perdu de vue qu'ils devaient aussi l'appliquer à eux-mêmes et que le discours de la psychanalyse méritait d'être déconstruit. Il faut pouvoir avaler sa propre médecine. N'empêche qu'il y a des intuitions intéressantes dans la psychanalyse et une démarche qui a profondément marqué la pensée occidentale. Cette démarche intellectuelle et analytique

---

1. Siri Hustvedt, *op. cit.*, p. 179.
2. *Ibid.*, p. 301.

s'intéresse au sujet comme constructeur de réel et met en lumière les liens inconscients que nous opérons entre des réalités qui, au plan concret, n'ont rien en commun. Cette démarche s'intéresse au poids du discours et des images.

Ce long préambule pour parler du talent de Siri Hustvedt (traduite par Christine Le Bœuf). *Élégie pour un Américain* est venu tranquillement racler dans des zones de moi que je ne connaissais plus, ramenant à la surface multiples sensations et diverses angoisses. Il n'est pourtant pas question d'identification : ce n'est pas parce que je me suis reconnue chez le narrateur, ou même chez sa sœur, que ce roman m'a bouleversée.

C'est plutôt que le narrateur est psychanalyste et l'auteur parvient (jusqu'aux trois percutantes et dernières pages) à bâtir une trame qui se réfère à la psychanalyse dans ses thèmes, mais surtout dans sa forme. C'est magistral et ça m'a replongée directement dans l'esprit de l'analyse.

D'abord parce que dans les scènes d'analyse qui parsèment le roman, j'ai retrouvé cet état de flottement que j'associe à la thérapie que j'ai suivie. Ces moments où les images et les souvenirs surgissent dans un ordre qui, malgré les apparences, n'est pas complètement aléatoire. Cet état où la relation avec l'analyste devient en soi un enjeu. Cet état de demi-sommeil aussi, bien expliqué par Hustvedt, comme un mécanisme de défense.

Il m'arrivait souvent, pendant mes séances, d'avoir un coup de barre aussi soudain qu'inattendu ou de somnoler, carrément. Pendant ces moments, des images parfois fortes survenaient, des images qui sont comme un glissement vers le rêve. Je me souviens, en tout début de démarche, d'avoir ainsi « rêvé » que mon analyste se penchait sur mon épaule (geste impossible considérant le respect absolu des territoires analyste/client) pour en retirer doucement un long fil perdu, rouge vif. Je n'ai pas la clé de cette image, mais elle m'a entraînée à parler de l'enfance (le geste doux de la mère, le fil de la couturière qu'elle était, le rouge qu'elle a toujours présenté comme étant ma couleur).

Tout ça pour dire que Siri Hustvedt ne se contente pas de décrire ce processus, elle l'écrit. Il se sent. Elle le fait vivre. C'est dans la forme même que se devinent les pensées qui vont du coq-à-l'âne, les roulements d'images et les prises de conscience progressives.

Même dans les scènes de la vie courante de son narrateur, Siri Hustvedt continue à déployer les ressorts de la psychanalyse. Le narrateur ne cesse pas d'être psychanalyste, évidemment, en sortant de son bureau et l'empreinte de cette extrême conscience de soi parcourt le livre. Images qui assaillent sans crier gare, analyses de rêves, remises en questions, écoute du second degré du discours, souvenirs d'enfance, etc.

Ce n'est donc pas l'histoire de ce livre qui m'a marquée, mais la capacité de son auteure à modeler sa voix narrative sur une prémisse théorique sans qu'on sente pour autant l'essai universitaire. Conteuse habile, Hustvedt est aussi d'une précision chirurgicale dans ses choix stylistiques.

En ce sens, la conclusion est vertigineuse, non pas parce qu'elle est *punchée*, mais bien parce qu'elle démontre la cohérence que peut prendre soudain le récit de notre vie quand on réussit à y déceler quelques images fortes qui, inexorablement, nous accompagnent partout.

Un livre qui n'est pas sur la psychanalyse, mais qui est psychanalytique. Coup de cœur.

La timidité du corps

Je dis timide, mais je devrais dire nerveuse. Je suis une traqueuse. Une fois réchauffée, je prends toute la place, mais il faut d'abord traverser le miroir. Et ça, chaque fois, c'est un petit moment passé à frôler l'impression du néant. Ce qui m'a frappée récemment, c'est que cette crainte s'exprime toujours par le corps. « Je vais m'enfarger en rentrant dans le café, et me casser les deux palettes… », « Qu'est-ce qu'ils vont penser de ma coupe de cheveux (ou de mon absence de) ? ». Je pue, j'ai chaud, j'ai du poil, je ne me suis pas brossé les dents depuis une heure, mes lunettes sont sales.

Et surtout, l'infatigable, l'indémodable litanie : « Qu'est-ce que je vais porter ? » Tous les tracs du monde finissent par se résumer à ce plus petit – très petit – dénominateur commun : il semble bien que je n'aie rien dans cette garde-robe (qui frôle pourtant l'infini absolu) qui soit approprié pour ce moment dans lequel je m'apprête à plonger. Vers l'autre.

La peur du rejet m'habite depuis aussi loin que je me souvienne. Et elle s'inscrit dans une lucidité, que j'avais déjà enfant, pour décrypter l'hypocrisie sociale.

L'hypocrisie, c'est celle qui nous fait répéter que l'apparence n'a pas vraiment d'importance même si nous savons tous que c'est faux. Plusieurs études s'intéressent au lien entre beauté et réussite professionnelle. Or, au-delà du poids santé et des traits harmonieux, dans «beauté» il y a aussi charisme. Et style, et look, et façon de s'habiller. (Et coupe de cheveux, maudite marde...)

Quand j'avais six ans et que le contact social était cette chose violente que j'apprenais mal, je pleurais souvent en parlant des «filles qui se prennent pour des fraîches». Fabuleux mot d'enfant quand on y pense. Elles ne se contentaient pas d'être pédantes, elles se prenaient pour des pédantes. J'ajoutais une impression de faux à ce qui me semblait déjà faux. Comme si je tenais pour acquis que leur assurance n'était qu'un effet de manche et que, fondamentalement, elles n'avaient rien de plus que moi.

Mais il n'est pas tout à fait vrai de dire qu'elles n'avaient rien de plus... Elles s'habillaient chez Jacob. Au début des années 1980, dans une école primaire, Jacob était la quintessence du style et du goût. Il fallait s'habiller chez Jacob pour se prendre pour une fraîche. Instinctivement, je les méprisais déjà de leur conformité, mais en les enviant pourtant. Parce que si je ne m'habillais pas chez Jacob, ce n'était pas seulement parce que ma mère était couturière ou que nous n'en avions pas tellement les moyens. C'était aussi parce que, déjà à cet âge, rien ne me faisait chez Jacob.

Les filles qui se prenaient pour des fraîches étaient pour moi des filles normales. Et j'associais cette normalité à leur apparence, sans doute incapable à l'époque de comprendre que si je me sentais si différente, c'était bien plus une question de fond qu'une question de forme.

Il est fascinant de constater que même adulte, cette insécurité du corps trouve le moyen de percer toute ma belle et grande confiance chèrement acquise. Tellement que tout en me dirigeant d'un pas décidé vers quelqu'un pour lui serrer la main, j'ai une soudaine, ultime, secrète, dernière pensée pour mon chandail peut-être taché... Avant que tout ça s'évanouisse dans un sourire et deux ou trois phrases bien tournées.

Nous ne saurons donc jamais vraiment si ces filles qui se prenaient pour des fraîches me regardaient de haut parce qu'elles me trouvaient mal habillée ou si c'est seulement moi qui avais le sentiment d'être à genoux. Comme dans toute dynamique malsaine, sans doute un peu des deux.

Finalement, une des belles choses qui distinguent la vie adulte d'une cour d'école, c'est que nous sommes absolument libres de choisir avec qui nous souhaitons jouer. J'avoue un faible pour les gens un peu dépeignés.

Se toucher (trop difficile)

> *Longtemps après l'enfance, longtemps après*
> *votre mère, il faut que quelqu'un s'obstine à*
> *répéter: « Ça, ce sont tes yeux; ça, c'est ton dos,*
> *tes mains, tes cils, tes dents, ta peau, des pépites*
> *dans ton iris, ton dos moucheté, ton bras est un*
> *javelot... » Sinon, on ne sait pas.*
> Sophie Fontanel[1]

Depuis plusieurs mois, je repense à cette phrase qui me touche en profondeur, parlant d'un vide qui occupe ma vie. Non seulement je n'ai pas actuellement cette personne qui s'assurerait de replacer mon corps dans le monde et dans les mots, mais je ne l'ai jamais rencontrée. Personne n'a pris le relais de ma mère et il me semble bien qu'on puisse affirmer, maintenant, que je ne sais plus vraiment mon corps. Parce qu'il y a des limites à l'autosuffisance en ces matières.

On nous répète souvent que la multiplication des technologies nous éloigne des autres et, aussi, du toucher. Je dois bien admettre qu'au-delà du célibat, il y a carence de toucher dans ma vie. Mes parents ne me touchent plus, ou bien peu. Je crois que le couple

---

1. Sophie Fontanel, *op. cit.*, p. 110-111.

parent-enfant se remet toujours difficilement de cette intimité passée qui ne reviendra jamais plus. Mes plus grandes amies ne sont pas des toucheuses non plus. Il fut une autre époque où je fréquentais des gens très colleux. Nous pouvions passer des soirées, amarrés les uns aux autres, comme à des bouées. Nous n'étions pas dans l'absence d'ambiguïté, mais plutôt assez peu préoccupés par l'inévitable ambiguïté d'une telle proximité physique chez des jeunes en ébullition.

Aujourd'hui, l'ambiguïté est peut-être ma principale préoccupation. Ainsi, l'absence de toucher dans ma vie n'est pas tant due à ceux qui m'entourent qu'au fossé que j'ai créé.

Mais trêve d'épanchements sur mon sort. Je voulais surtout écrire que le toucher est quelque chose d'infiniment intime et qui relève beaucoup de l'instinct. Nous disons d'ailleurs de nos joujoux tactiles qu'ils sont intuitifs. Or l'intuition n'est pas une science exacte. Il y a toujours un danger, lorsqu'on ose toucher, de franchir une bulle. C'est ça qui nous rend frileux, la peur de déranger. En même temps, toucher n'oblige pas à s'approcher d'emblée des zones d'intimité, comme le visage. Une simple main sur l'épaule et, avec un peu d'attention, vous saurez rapidement si le corps auquel vous parlez s'ouvre ou se raidit.

La bise s'est généralisée au Québec, devenant parfois impersonnelle ou désincarnée, relevant d'un automatisme. Je préfère de loin les câlins, mais il est vrai qu'ils sont une autre étape d'intimité. À tout prendre, il me semble qu'on devrait recommencer à explorer tout ce qui se dit dans une poignée de main ou alors poser une main sur l'épaule pour que la bise se secoue un peu les plumes de la routine.

Cette année, j'ai croisé de nombreuses personnes dont je ne connaissais que l'avatar virtuel. C'est toujours un moment où le corps prend une place importante, parce qu'il est la variable inconnue. Selon le type de relations établies en ligne, on cherche nos codes et nos repères. Il m'a entre autres été donné de croiser cette personne qui me pardonnera d'ainsi nous raconter. Par pudeur, je ne lui aurais pas fait la bise; cette personne l'a faite spontanément. Un peu déroutée, c'est après la bise que j'ai tendu la main en disant «Enchantée!» Et cette personne a fait un truc inédit: elle a pris ma main entre ses deux mains. Ce geste m'a semblé, à vrai dire, bien plus affectueux que la bise qui avait précédé. À la manière de Fontanel, j'ai eu le sentiment qu'on me disait: «Ceci est ta main.» Ma main qui n'était pas que politesse. Qui n'était pas que convention. Une main en relation.

Maintenant, je me promets de toucher un peu plus. Je vous souhaite d'écouter votre instinct qui vous parle des autres, de leur ouverture, de leurs besoins. Parce qu'il est dommage de faire abstraction du corps ou de le confiner aux seuls dialogues érotiques quand il sait dire tellement plus que cela.

Et c'est une cérébrale qui vous le dit... (sans doute un peu guérie d'avoir écrit ceci).

Belle

Je dois bien l'avouer. Je ne peux plus mentir sur ce point, je suis entêtée, mais pas complètement aveugle. Et je le vois. Mon image dans vos yeux. Votre amour dans chaque geste. Le mien que je dépose dans vos paumes ouvertes. Je vois tout ça. L'affection, l'admiration, le désir quand il est là. La reconnaissance aussi.

Des amoncellements d'anecdotes. Quand au micro on souligne ma présence dans une salle. Quand on me présente avec chaleur. Quand on me fait la conversation comme si j'étais une femme intéressante. Quand on me remercie avec sincérité. 100 000 façons d'aimer. Quand on a un peu – beaucoup – besoin de moi. Et quand je n'en peux plus, et que c'est à mon tour d'avoir besoin de vous.

Je reconnais la séduction quand elle est un jeu. On n'est pas près de me faire croire qu'elle peut être autre chose. Mais je recommence à jouer. Comme pour me réchauffer, comme pour me rappeler comment on lève les yeux au ciel, comment on entrouvre les lèvres, comment on fait cette moue moqueuse qui embrasse déjà un peu. Projection dans le bleu.

Hier, en sortant d'une soirée, j'ai constaté qu'il mouillassait. J'ai descendu l'escalier du métro, puis je suis remontée aussi vite à la surface. J'aimais encore mieux la pluie et la nuit que de me voir voler mes fantasmes et mon bien-être par les néons et l'air raréfié. J'étais crevée, les pieds enflés, mais j'ai marché. Ma musique, la pluie et la nuit.

Et je me suis sentie belle. À l'intérieur. J'ai pensé à l'affection des uns, aux jeux de désir des autres, à l'amitié de plusieurs. Je me suis revue dans tout ça, et j'ai vu quelque chose en moi : un aura, des humeurs, une âme... qu'en sais-je. Mais c'est au fond de moi, et dans mes yeux, ma peau, mes gestes. Et en toute absence d'humilité, j'avoue que c'est profondément beau.

Les contes de fées, vraiment, c'est de la pure connerie. Ça n'a rien à voir avec la vie.

Sauf le vilain petit canard, peut-être.

La littérature d'identification

Il y a plusieurs raisons (bonnes ou mauvaises) de prendre son pied comme lecteur. (Certains diront qu'elles sont toujours bonnes, puisqu'on prend son pied. Je fais malheureusement partie de ces trouble-fêtes qui croient que certains plaisirs finissent par être nocifs.) Parmi les raisons (bonnes ou mauvaises) de prendre son pied, il y a l'identification.

Le premier roman de Lynda Dion, *La Dévorante*, m'est rentré dedans comme une collision intime. C'est que cette femme qui pourrait avoir l'âge de ma mère est moi... et ma mère à la fois. Me rappelant au détour que ma mère et moi sommes, malgré tous nos fossés, si semblables.

L'auteur parle avec justesse des femmes blessées, mais aussi de ce rapport mère-fille organisé autour de la préoccupation du corps. La mère qui veut libérer sa fille de ses complexes, elle-même hantée par les siens. La mère qui se sent coupable devant la douleur de sa fille. La fille qui se sent coupable d'être devenue le miroir des douleurs de sa mère. Un cercle infernal, une prison de femmes : « l'enfant-femme pleure des larmes acides que je voudrais lécher pour lui éviter les tourments être comme les autres la certitude affolante de n'être jamais assez ou trop[1]. »

Si elle avait été seule, ce mois-ci, à me faire le même effet, ça n'aurait sans doute pas mérité un arrêt sur image. Mais tout de suite après, j'ai lu le premier roman d'Évelyne de la Chenelière. Rencontre avec l'auteure comme une âme sœur. Quelqu'une qui semble regarder la vie avec une perspective près de la mienne. Comme si nous étions assises à la même fenêtre. Cette extrême lucidité au scalpel. Ce refus de se mentir à soi-même. Je repense à cette citation de Wajdi Mouawad entendue dans une conférence : « Connais-toi toi-même, oui ! Mais fais quand même un peu attention, parce que ça fait très, très mal. »

Cette façon qu'elle a d'oser remettre en question l'importance d'une séparation, nous qui sommes finalement si peu de choses. « La séparation est un sérieux manque d'humilité alors je suggère qu'on arrête de se séparer[2]. » Cette façon de critiquer l'unanimité de ce qui doit être un plaisir pour tous, comme aller à la mer quand on est un enfant. Cette façon d'oser dire que, souvent, nous faisons les choses parce qu'elles

---

1. Lynda Dion, *La Dévorante*, Québec, *Hamac*, 2011, p. 149.
2. Évelyne de la Chenelière, *La concordance des temps*, Montréal, Boréal, 2011, p. 62.

doivent être faites ainsi. Qui l'a dit ? On ne sait plus, mais on fait, voilà tout.

Et puis il y a eu ce dernier livre, acheté sans même consulter le quatrième de couverture. J'ai pris celui-là, hasard complet. Ça s'appelle *La mort naturelle*, d'une certaine Agnès Olive. Première page, j'ai cligné des yeux. Le personnage masculin, le personnage d'amant, était si près d'une certaine réalité, j'ai cru rêver. Mais non, mais non, c'était bien ça. Et pour les cinquante premières pages au moins, cette femme, cette Marie, c'était moi. Cette femme qui lorsqu'elle est émue, est foutue[1]. Cette femme qui a eu le sentiment que ses parents parlaient trop, au risque de peu l'écouter[2]. Cette femme qui travaille trop pour tuer la révolte[3]. Cette femme qui s'est lancée dans des brasiers pour compenser l'intellect avant de complètement se désintéresser de cette chose étonnante : son intimité.

Ces trois livres, l'un après l'autre, parlaient de moi. Aucun était parfait, ils n'étaient même pas tous bons. Aucun ne m'est apparu comme une révolution littéraire et pourtant, ils parlaient de moi. Il y avait longtemps, il faut croire, qu'on ne m'avait pas parlé de moi. C'est toujours bouleversant.

---

1. Agnès Olive, *La mort naturelle*, Paris, Stock, 2011, p. 15.
2. *Ibid.*, p. 17.
3. *Ibid.*, p. 21.

J'ai voulu dire: ces auteures m'ont écrit directement sur le cœur. Voyez! Voyez comme le détour est facile. Voyez comme on se brandit le cœur au moindre prétexte. Mon cœur n'a rien à voir là-dedans.

Ces auteures m'ont écrit dans le ventre. Ce qui est bien plus intime encore. La surprise, c'est de constater que ça saigne un peu, moi qui croyais avoir fini de m'assécher. Certains y verront de l'espoir. J'y pressens surtout de l'espace pour de nouvelles cicatrices. En ces matières, je ne suis pas de nature optimiste.

Tête-à-tête

Les trottoirs sont mouillés. Mes souliers et mon âme aussi. Le thé passe à peine, il me roule dans la bouche. Amertume et solitude. Dans la vitrine, il y a une jolie fille. Je lui souris de temps en temps. Elle vous écrit en me lançant des œillades coquines. Elle a le sourire triste. Journée pluvieuse. Mais elle se trouve plutôt jolie. Juste ça, ça aura pris bien du temps.

Dehors la pluie a cessé, je crois, mais les gens tiennent leurs habitudes à bout de bras. Je suis claustrophobe de parapluie. Ça m'oppresse, ça m'agresse. J'aime encore mieux trimballer mon humidité. J'ai des allures de chatte mouillée.

Il y a des hommes beaux cachés sous les parapluies. Mais ce n'est pas assez.

Pendant des années, je me suis cachée. Pas assez belle, je disais. Aujourd'hui je pense que je suis belle, mais je sais que ce n'est pas assez. Il me prend des envies de retourner me cacher. Mais j'ai peur que personne ne vienne me déterrer.

J'aime le mouvement. Je sème souvent des ouragans d'événements. Quand la tempête s'apaise, la solitude est plus oppressante. Je me suis surprise soudain à espérer que les vents soufflent pour l'éternité, faisant voler l'espace entre moi et le monde comme des fragments de verre à semer. Le verre dans une terre bien arrosée, ça fait pousser des cathédrales, vous croyez ? Des vitraux au moins ? Des gens tout en couleurs ?

L'ouragan a duré trois mois, il a pris naissance dans un bar. Il est mort au même endroit. Aujourd'hui, j'y viens quand je ne trouve plus mon nord, j'y viens me reboussoler. Même les plus gros ouragans, je finis par les dompter.

Dernier regard sur les trottoirs mouillés. Je vais aller me sécher les pieds. Mon âme, ça va, elle est habituée à l'humidité.

J'ai souri à la jolie fille dans la vitrine. Elle avait encore une goutte de pluie sur les cils. Je lui ai dit que moi, je la trouvais pas mal... et on est parties ensemble.

Toujours aussi seule(s), mais plus solide(s) je crois.

Conte atypique de Noël

*Tu sais que cette ligne sur laquelle tu marches
n'est pas plus vertueuse qu'une autre, mais c'est la
seule qui t'est familière, que tu comprends. C'est cet
équilibre des forces qui te permet de fonctionner
dans le monde sans t'y perdre complètement.
Un inconfort que tu choisis chaque jour et qui
finalement devient commode. Il n'est pas question
d'être un martyr. Un fakir, plutôt.*
David Desjardins[1]

Voilà un père Chroniqueur qui nous offre pour Noël
le plus fragile de ce que lui évoque la paternité. Me
voilà, dans un bureau sérieux, dix jours avant Noël.
Voilà une larme. David Desjadins offre un avertisse-
ment important à sa fille : « le malheur n'est pas un
symptôme de l'intelligence ». Important aussi le défi
qu'il lui soumet : trouver « juste un endroit en banlieue du malheur ordinaire et du bonheur aveugle et
niais ».

L'approche de cette période de « réjouissances »
entraîne son lot de reportages et de chroniques sur
la solitude. Ça me touche beaucoup, chaque fois,

---

1. David Desjardins, « Un homme heureux », *Voir*, 16 décembre
2010.

avant que je réalise que c'est un peu de moi dont il est question. Il ne faut pas toujours être pauvre pour être seul. Il ne faut pas toujours être malheureux pour être isolé. Il ne faut même pas toujours être vraiment seul pour être seul.

Chez moi, dans ma famille, nous sommes seuls. Nous sommes tous pareils : indépendants et solitaires. Vous trouvez ça triste ? Peut-être un peu. Mais ça relève aussi du sublime. Mes parents m'ont légué le plus beau cadeau, mais aussi la plus grande responsabilité. Ils m'ont complètement affranchie. Affranchie des codes, affranchie des normes, affranchie d'obligations qui seraient morales ou usuelles. Ils m'ont légué un jugement, un grand cœur, une certaine curiosité de la vie (à défaut d'un amour).

Il n'y a jamais rien de convenu dans cette famille. Ce qui doit être fait à Noël encore moins que le reste. Contrairement à l'esthétique consensuelle du temps des fêtes qui mise sur la tradition, par chez nous, ce n'est jamais pareil d'une année à l'autre.

Mes parents m'ont faite libre. Radicalement libre. Libre et même forte. Mais seule.

Il m'arrive de me dire que je ne me remettrai jamais de cette liberté-là. De cet affranchissement. À force d'être affranchie, on craint rapidement tout ce qui ressemble à des chaînes, même les racines. Et c'est un piège. La liberté comme drapeau peut aussi être une prison. En lisant la chronique de David Desjardins, j'ai entendu un bruit lointain, rouillé. Une plaque qui tourne au fond de moi. L'horloge biologique, je crois... Aussi vite essoufflée, amortie par l'hiver, la machine s'est tue. Jusqu'à la prochaine fois.

Bien sûr que je serai mélancolique avec Noël qui se pointe. Ce que l'histoire ne dit pas, c'est que vous le serez aussi. Malgré le brouhaha des enfants, malgré les chants, malgré les bulles. Vous le serez au fond parce que nous fêtons le cours du temps, et le cours du temps, ça vous saisit toujours un peu l'émotion creuse.

La différence c'est que, dans ma famille, nous aurons choisi de l'accueillir en silence, cette mélancolie. Comme quand on ferme toutes les lumières pour bien voir la neige tomber dans la nuit.

Et, seule, en faisant mon petit bilan de fin d'année, je me dirai que le malheur n'est certes pas un symptôme d'intelligence, mais que le bonheur trop bruyant peut parfois être un symptôme d'insignifiance.

Chez nous, dans ma famille de tout-seuls qui s'aiment à leur façon, on ne prie plus depuis longtemps.

Mais on se recueille encore.

Le temps des résolutions

La journaliste Chantal Guy, lors de son passage en Haïti, demandait sur Twitter : « Comment ouvrir son cœur et le protéger en même temps ? » Il me semble que ça résume un dilemme important, une trame de fond qui marque nos vies en ce début de XXIᵉ siècle. Et pourtant, j'ai la conviction que c'est en l'ouvrant qu'on le protège du pire. De la moisissure.

Il faut dire qu'en ce domaine, je ne prêche pas par l'exemple.

De tout ce que j'ai écrit, je ne connais qu'un extrait par cœur. Le plus direct et le plus dur. L'absence de métaphore induit parfois une certaine violence. « Je ne serai jamais mère, parce qu'aimer fait trop mal. Je ne serai jamais femme, parce qu'aimer, encore, ça va, mais être aimée, c'est mourir un peu de l'autre qui part déjà. »

Tu écris ça une fois et tu ne l'oublies plus. Deux phrases et la psychanalyse est K.O. puisque tout a été dit. Mais rien n'a encore été fait.

J'ai peur.

C'était déjà quelque chose de le dire. Maintenant quoi ?

Si j'étais seule, ce ne serait qu'anecdotique. Mais je vous observe, je vous vois louvoyer entre apparence et relations compliquées. Entre faux-semblant et bonnes réparties. Entre bonne conscience et réflexes consuméristes. Entre coups de gueule et omertà polie.

Et je me dis que nous sommes quelques-uns à avoir peur.

Peur de laisser entrer les autres. Peur de s'ouvrir. Au plan individuel, mais aussi au plan collectif. L'apathie relative dans laquelle nous baignons me semble aussi un symptôme de cette peur.

Et le pire de tout, c'est que nous avons surtout peur de le dire. De dire que nous avons peur.

Relents du secret judéo-chrétien ? Influence des chantres de la pensée magique ? L'idée que nommer le mal crée le mal reste solidement ancrée. Taisons tout et ça va passer.

La psychanalyse aura milité pour ça : dire les choses ne les envenime pas ! C'est en nommant le mal qu'on le dépouille. C'est parce que quelqu'un ose dire l'absence de vêtements que l'Empereur souffre soudain de sa nudité.

Je regarde autour de moi : cette année qui s'achève, la prochaine qui commence. Je vois les rouleaux compresseurs qui nous entourent : les moteurs fumants du conservatisme, la tentation de l'aplatven-trisme et le rejet de la marginalité. Entre deux gorgées de champagne, quelque part entre deux secondes du décompte, réalise-t-on que ce n'est pas en fermant les yeux que nous les ferons disparaître?

Il faudra bien lever le poing devant la bêtise. Il faudra bien dire non à l'obscurantisme. Il faudra bien s'opposer à la complaisance.

C'est parce que nous sommes fragiles que nous saurons nous battre. C'est parce que nous sommes sensibles que nous pouvons vibrer. C'est parce que nous sommes mortels que nous avons envie de vivre.

Et c'est quand nous aurons admis la peur que nous serons vraiment courageux. Puisque nous serons enfin prêts à admettre la suite: ce n'est pas seul que nous pourrons résister.

Je vous souhaite ce courage (et je me le souhaite aussi).

Table des matières

Dédales

H
hamac

Dans la collection Hamac

**PROTÉGEONS
NOS FORÊTS**

CET OUVRAGE EST COMPOSÉ EN WARNOCK CORPS 11,5
SELON UNE MAQUETTE RÉALISÉE PAR PIERRE-LOUIS CAUCHON
ET ACHEVÉ D'IMPRIMER EN JANVIER 2013
SUR PAPIER ENVIRO 100 % RECYCLÉ
SUR LES PRESSES DE L'IMPRIMERIE MARQUIS
À MONTMAGNY
POUR LE COMPTE DE GILLES HERMAN
ÉDITEUR À L'ENSEIGNE DU SEPTENTRION